하늘이
사람을
별때는

하늘이
사람을
벌할때는

2017년 7월 31일 제1판 제1쇄 발행

지은이 장주식
그린이 손미정
펴낸이 강봉구

캘리그라피 훈민정필(송병훈, hoonie59@hanmail.net)
인쇄제본 (주)아이엠피

펴낸곳 작은숲출판사
등록번호 제406-2013-000081호
주소 413-170 경기도 파주시 신촌로 21-30(신촌동)
전화 070-4067-8560
팩스 0505-499-8560

홈페이지 http://cafe.daum.net/littlef2010
페이스북 http://www.facebook.com/littlef2010
이메일 littlef2010@daum.net

ISBN 979-11-6035-015-9 43140
값은 뒤표지에 있습니다.

내 인생의 첫 고전 명자

맹자

장주식 글
손미정 그림

작은숲

차례

2 차마 보지 못하는 마음 〈공손추〉

3 한 달에 닭 한 마리 훔치기 〈등문공〉

내 몸이 바르면 〈이루〉

5 쇠소리가 울려 퍼지면 〈만장〉

하늘이 주는 벼슬 〈고자〉

7 민중이 가장 귀하다 〈진심〉

이 책을 읽는 여러분에게

1

맹자는 이름이 맹가孟軻 : 기원전 371년 – 기원전 279년이며 공자보다 이백 년 정도 뒤에 활동한 사람입니다. 맹자는 공자를 마음 속 스승으로 모셨지요. 공감과 사랑을 뜻하는 마음인 '인'과 평화로운 인간관계를 위한 '예'가 필요하다고 공자는 말합니다. 맹자는 이런 공자의 사상을 정치철학으로 확대 발전시킨 사람입니다. 그래서 공자와 맹자의 생각을 합쳐 공맹사상이라 부르기도 합니다. 공자를 거룩한 인물인 성인이라 부르고 맹자를 그 다음가는 성인이라고 '아성亞聖'으로 부르기도 합니다.

어린 맹자의 교육을 위해 맹자 어머니가 세 번 이사 다녔다는 '맹모삼천' 이야기는 유명합니다. 그래서 그런지 몰라도 맹자는 교육을 매우 중요하게 여겼습니다. 사람은 착한 본성을 타고나기는 하지만 교육이 잘못되면 그 착한 본성을 발휘할 수 없다는 것이지요.

맹자는 중국의 수많은 철학가들 중에 가장 뛰어난 달변가입니다. 제후들과 만나 상대방을 설득하는 말솜씨가 놀랍고도 통쾌합니다. 그러나 지위나 재물을 노리는 겉만 번지르르한 교언이 아니었습니다. 날마다 전쟁이 벌어지던 시대의 혼란을 잠재우려는 열망이었습니다. 또한 진정으로 사람이 평화롭게 사는 방법이 무엇인가를 탐구하는 철학자의 고뇌였습니다. 그 열망과 고뇌를 재미있는 비유를 통해 명확하게 전달하려는 것이었습니다.

2

맹자의 사상은 ≪맹자≫라는 책에 담겨 전해집니다. 맹자의 첫머리를 장식하는 것은 위나라 양혜왕과 나누는 대화입니다. 천리를 멀다 않고 찾아 왔다는 '불원천리'나 똥 묻은 개가 겨 묻은 개를 나무란다는 뜻과 비슷한 '오십보소백보', 터무니없는 일을 뜻하는 나무에 올

라가 물고기를 잡으려 한다는 '연목구어' 같은 고사성어로 유명한 대화입니다.

당시 중국천하에서 가장 강한 나라들 가운데 하나인 위나라, 제나라 등을 찾아다니며 맹자는 왕도정치를 외칩니다. 무기를 내려놓고 사랑의 정치를 펴라는 주장입니다. 그러나 무력을 앞세워 영토 넓히기에만 골몰하던 제후들에겐 뜬구름 같은 이야기였습니다. 결국 위나라의 양혜왕도 제나라의 선왕도 맹자의 사상을 현실정치에 실천하지 못합니다.

그러나 맹자의 사상은 후대에 빛을 발합니다. 맹자는 임금이 백성을 위태롭게 하면 갈아치워야 한다고 말합니다. 물론 토지신 같은 것도 백성을 위태롭게 하면 갈아치워야 한다고 주장합니다. 정치에서는 백성이 가장 귀하다는 것이죠. 기원전 4세기에 맹자는 오늘날의 민주주의를 소리 높여 외쳤던 것입니다. 사람 목숨을 파리 목숨처럼 죽이곤 했던 시대에 참으로 놀라운 주장이라 하겠습니다.

3

맹자는 정치사상가이기만 한 건 아닙니다. 맹자가 주장한 사단四端은 사람의 인성을 탐구하는 중요한 실마리가 되었습니다. 사단이란 '네 가지 단서'라는 뜻입니다. 사람이 추구해야 할 삶의 목표는 사랑, 정의, 예의, 지혜라고 불리는 '인의예지'가 있다는 것입니다. 이 네 가지를 실천할 수 있는 단서는 불쌍하게 여기는 마음, 악을 미워하는 마음, 양보하고 겸손할 수 있는 마음, 옳고 그름을 분별할 수 있는 마음을 말합니다. 이 네 가지를 사람이라면 누구나 가지고 있는데 이 마음을 확장시키지 못하면 인의예지가 없는 사람이 됩니다.

그뿐 아니라 맹자는 대장부 되기, 호연지기 기르기, 부동심 기르기 같은 뛰어난 이야기를 많이 남겼습니다. 맹자의 도도한 논리와 명쾌한 주장들은 후세의 웅변가들에게 큰 영향을 미치기도 했습니다.

제후들을 설득하는 데 실패한 맹자는 고향인 추나라로 돌아와 제

자들과 함께 자기의 사상을 토론하여 기록하게 됩니다. 나는 맹자의 주장 가운데 대장부 이야기가 참 마음에 듭니다. 요즘 시대는 졸장부 나 천장부가 많은 시대라고 합니다. 이 책을 읽는 여러분은 호연지기 를 길러 대장부가 되시기를 기원해 봅니다.

2017년 여름 모두되고에서
장주식

일러두기

책 《맹자孟子》는 기원전 280년경에 성립했는데, 철학자 맹자의 언행을 기록한 책입니다. 모두 7편으로 구성되었습니다. 양혜왕, 공손추, 등문공 등 앞의 3편은 맹자가 천하를 돌아다니며 제후들과 나눈 대화편입니다. 이루, 만장, 고자, 진심 등 뒤의 4편은 고국인 추나라로 돌아와 제자들과 토론한 내용이 담겼습니다. 책 《맹자》는 중국의 송대 이후엔 《논어》, 《대학》, 《중용》과 함께 유학의 중요한 네 개의 책인 '사서(四書)'로 대접받았습니다.

《내 인생의 첫 고전, 맹자》에서는 7편 각각에서 중요한 이야기들을 골랐습니다. 또한 오늘 현대를 살아가는 우리들의 삶에 진지하게 생각해 볼만 한 이야기와 함께 연결시켰습니다.

하필 '이익'을 말하십니까?
안 하는 거지 못하는 게 아니다
함께하는 즐거움
큰 가뭄에 비구름과 무지개가 서기를 바라듯

함께하는 즐거움

〈양혜왕〉

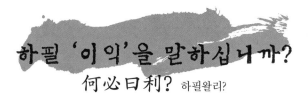

하필 '이익'을 말하십니까?

何必曰利? 하필왈리?

우리는 무슨 일을 할 때 '이것이 나에게 어떤 이로움을 줄까?' 하고
생각하는 경우가 많습니다. 이건 자연스럽습니다. 나에게 아무런 혜
택도 없는 일에 선뜻 나서기는 어려우니까요. 가장 좋은 것은 나에게
이로우면서 남에게도 이로운 일이겠지요.

하지만 맹자는 이로움을 먼저 따지지는 말라고 합니다. 이로움보
다 더 중요한 무엇이 있다는 것이지요. 맹자의 첫 장은 바로 그렇게
시작합니다.

맹자는 53세에 양혜왕을 만납니다. 양혜왕의 위魏나라는 당시 중
국천하에서 일곱 개 큰 나라 중에 하나였습니다. 위나라는 중국 한
가운데에 있던 강국이었지만 양혜왕 때는 나라 힘이 많이 약해진 상

태였어요. 서쪽으로는 진秦나라에게 밀리고 동쪽으로는 제齊나라에게 졌습니다. 제나라와 벌인 전쟁에서는 큰 아들이 죽기도 했지요.

양혜왕은 이미 여든 살이 넘었습니다. 그러나 아들 원수도 갚고 잃어버린 영토를 되찾고 싶은 마음은 굴뚝같았습니다. 그래서 맹자를 초청했습니다. 맹자는 뛰어난 학식과 달변으로 소문이 자자한 대학자였거든요. 맹자는 흔쾌히 초청을 받아들이고 천리 길을 갑니다. 맹자의 고향인 추나라에서 위나라 수도인 대량大梁까지는 실제로 천리가 넘었습니다.

맹자 일행은 무려 삼백 명이나 되었다고 합니다. 엄청난 숫자지요. 맹자는 "나에게 의견을 묻고 싶으면 제대로 대접하라!"고 양혜왕에게 요구한 것입니다. 양혜왕은 맹자의 요구를 받아들여, 삼백 명 일행이 움직이는 데 필요한 모든 비용을 제공했습니다. 그만큼 양혜왕은 절박한 상황에 있었던 것이죠.

맹자가 도착하자마자 양혜왕은 이렇게 말합니다.

"선생께서 천리를 멀다 않고 와 주셨으니, 무엇으로 내 나라를 이롭게 하시겠습니까?"

첫 물음에서 벌써 양혜왕의 다급한 마음이 나타납니다. 엄청난 비용도 지불했으니 빨리 나를 이롭게 할 계책을 내놓으라는 거죠. 그런데 맹자가 어떤 사람입니까? 한 나라의 왕을 썩은 지푸라기처럼 보는 대장부가 바로 맹자입니다. 더구나 맹자는 자기만의 사사로운 이익 따지는 걸 몹시 싫어했습니다. 맹자가 짧게 대답합니다.

"하필 '이익'을 말하십니까?"

양혜왕은 머쓱했습니다. 천하의 대학자를 보자마자 '이익'을 운운한 것이 부끄럽다는 생각도 들었지요. 그런 양혜왕에게 맹자가 부드럽게 덧붙입니다.

"생각해 보시지요. 왕께서 내 나라를 무엇으로 이롭게 할까만 생각하면, 큰 벼슬아치들은 무엇으로 우리 집안을 이롭게 할까만 생각하고, 일반 백성들은 무엇으로 내 몸을 이롭게 할까만 생각하게 됩니다. 그러면 온 나라가 제 이익만 다투어 서로 빼앗지 않으면 만족을 못합니다. 내 이익을 위해선 못할 짓이 없게 되는 것이죠."

양혜왕이 깜짝 놀라서 묻습니다.

"어이쿠, 큰일 나겠습니다. 그럼 어떡하면 좋을까요?"

맹자가 빙그레 웃으며 하고 싶은 말을 해 줍니다.

"인과 의가 있을 뿐입니다. 이 두 가지만 있으면 훌륭하게 왕 노릇을 할 수가 있지요."

인仁은 사람[人]이란 글자와 둘[二]이라는 글자가 합쳐서 만들어졌습니다. 글자 그대로 보면 두 사람이란 뜻인데요. 사람과 사람 사이의 관계를 나타내는 말입니다. 사람은 혼자서 살아가기 힘이 듭니다. 서로 어울려 살아가야 하는데, 그러자면 다양한 소통의 도구들이 필요합니다. 그것을 '예의'라고도 하고 '인'이라고도 하고 '의'라고도 하는 거지요.

인은 사랑하는 마음입니다. 사랑은 상대에 대한 연민과 공감이 바탕이 되어야 가능하지요. 서로 아껴 주고 사랑하는 사람과 같이 있다면 얼마나 행복합니까. 그래서 맹자는 '인'을 '사람이 편안하게 머무는 집'과 같다고 말합니다.

의義는 양羊과 나[我]가 합쳐진 글자입니다. 예전엔 양을 매우 상서로운 동물로 여겼습니다. 양이라는 글자의 뜻도 '상서롭다'입니다. 하늘에 제사를 지낼 때 희생하는 동물로 양을 썼습니다. 이때 크고 빛깔이 좋은 양을 희생으로 선택했습니다. 아름답다는 뜻의 글자 미美는 바로 '큰 양'이란 뜻입니다. 이렇게 상서로운 동물인 양과 내가 합쳐진 글자가 '의'입니다. 마음과 몸을 가지런히 하고 정성을 들이는 상태, 그것이 옳고 바른 것입니다. 그래서 맹자는 의를 '세상을 살아가는 바른 길'이라고 말합니다.

맹자는 양혜왕에게 이익을 따지지 말고 '인의'를 추구하라고 말해 줍니다. 이익은 인의의 삶을 살다 보면 자연스럽게 생긴다는 겁니다. 맹자의 말을 들은 양혜왕은 이렇게 주장합니다.

"그렇다면 저도 인의 마음으로 의를 행했다고 할 수 있습니다. '하내'에 흉년이 들면 백성들을 '하동'으로 옮겨서 살게 하고 하동의 곡물로 하내의 굶주린 사람들을 먹여 줬습니다. 하동에 흉년이 들면 또 똑같은 방식으로 백성들을 보살펴 줬지요. 이건 선생님이 말씀하시는 인의의 정치가 아니겠습니까? 이웃 나라를 보면 나처럼 하는 왕은 없는 것 같더라고요. 당연히 우리나라에 백성들이 많이 모여들어야 할 텐데 왜 그렇지 않을까요?"

맹자가 고개를 흔들었습니다.

"왕께서 전쟁을 좋아하시니 전투에서 일어나는 일로 비유해 보겠습니다. 북을 둥둥 치면서 병사들이 맞붙었습니다. 한참 싸우다가 전투에 밀린 편에서 갑옷은 벗어던지고 창을 질질 끌며 병사들이 도망을 칩니다. 어떤 놈은 오십 보를 도망가고 어떤 놈은 백 보를 도망갔습니다. 이때 오십 보 도망간 놈이 백 보 도망간 놈을 보고 '비겁하다!'고 비웃으면 되겠습니까?"

"당연히 안 되죠. 도망친 건 똑같으니까요."

양혜왕의 대답에 맹자가 회심의 미소를 지었습니다. 맹자의 논리에 양혜왕이 딱 걸려든 것이니까요. 양혜왕이 바로 오십 보 도망친 병사입니다. 양혜왕의 이웃 나라라면 조나라, 한나라, 제나라, 진나라 같은 나라들인데요, 맹자의 비유로는 그 나라들의 왕은 백 보 도망친 병사입니다. 백성들을 위한 제대로 된 정치를 펴지 않는 건 똑같으니까요. 영토를 늘리고 백성의 숫자를 늘리기에만 골몰하고 있는 건 다 똑같았던 겁니다.

강제로 영토를 늘리고 백성의 숫자를 늘리자면 전쟁을 벌여야 합니다. 전쟁은 백성의 평화로운 삶을 무너뜨리는 일입니다. 진정으로 백성을 사랑한다면 의식주를 풍족하게 해 주는 정책을 펴는 것이 더 중요하죠.

맹자는 양혜왕에게 결정타를 날립니다. 흉년이 들었을 때 하동의 곡식을 하내로 옮기는 건 '눈 가리고 아웅'하는 짓이라는 겁니다.

"흉년이 들면 궁중 곡식과 부자들 곡식을 풀어 나눠 먹을 생각을 해야 합니다. 가난한 하동 땅 백성들 곡식을 빼앗아 굶주린 하내 땅 백성을 먹이는 건 위선적인 행동입니다."

양혜왕이 변명을 합니다.

"그건 내 잘못이 아닙니다. 세월이 그런 거지요. 홍수나 가뭄을 내가 어떡하겠습니까?"

"아니지요. 그건 칼로 사람을 찔러 죽이고 나서 '이건 내 잘못이 아니야. 칼이 잘못한 거지.'라고 말하는 것과 같습니다. 대왕께선 세월의 죄를 묻지 마시고 인과 의의 정치를 펴시기 바랍니다."

맹자는 한 치의 흔들림도 없이 양혜왕을 설득합니다. 그러나 이미 여든 살이 넘은 양혜왕은 맹자의 말을 받아들이지 못했습니다. 양혜왕은 제나라와 진나라에게 패배한 전쟁을 시원하게 설욕하고 싶은 마음뿐이었거든요.

王曰_{왕왈} 叟不遠千里而來_{수불원천리이래}하시니 亦將有以利吾國乎_{역장유이이오국호}아? 孟子對曰_{맹자대왈} 王何必曰利_{왕하필왈리}잇고? 亦有仁義而已矣_{역유인의이이의}이니이다.

양혜왕이 말했다. "천리를 멀다 않고 오셨으니 장차 무엇으로 나의 나라를 이룹게 해 주시겠습니까?" 맹자가 대답했다. "왕께선 하필 이익을 말씀하십니까? 인과 의가 있을 따름입니다."

或百步而後止_{혹백보이후지}하고 或五十步而後止_{혹오십보이후지}하여 以五十步笑百步則何如_{이오십보소백보즉하여}이니잇고? 曰不可_{왈불가}라 直不百步耳_{직불백보이}언정 是亦走也_{시역주야}라.

맹자가 말했다. "어떤 병사는 백 보를 도망간 뒤 멈추고, 어떤 병사는 오십 보를 도망간 뒤 멈추었습니다. 오십 보 도망간 병사가 백 보 도망간 병사를 비웃으면 어떻습니까?" 양혜왕이 대답했다. "비웃으면 안 되죠. 백 보가 아닐 뿐이지 역시 도망친 것이니까요."

안 하는 거지 못하는 게 아니다

不爲也, 非不能也 불위야, 비불능야

조금만 어려워도 '저는 그거 못해요.'하고 입버릇처럼 말하는 아이가 있습니다. 교실의 쓰레기통을 좀 비우라고 선생님이 말했는데 '저는 힘이 약해서 못합니다.'라고 대답한다면 어떻습니까? 정말 못하는 걸까요? 아니죠. 하기 싫어서 안 하는 거지요.

세상을 살아가다 보면 그런 경우가 참 많습니다. 최선을 다했지만 도저히 힘이 약해서 안 되면 중간에 그만둘 수밖에 없습니다. 그러나 아예 시작도 해 보지 않고 미리 못한다고 생각하거나, 조금 성취한 걸 가지고 '나는 여기까지가 최선이야.'하고 멈춰 버리는 사람도 있습니다. 양혜왕에게 실망하고 제나라로 간 맹자는 거기에 대해 이야기 합니다.

제나라 임금인 제선왕은 맹자를 극진하게 대접합니다. 양혜왕은 맹자를 제대로 쓰지 못했지만, 자신은 맹자 사상을 잘 실천하겠노라는 의지도 불태웁니다. 맹자도 그런 제선왕의 태도에 감격해 정성을 다합니다. 맹자는 마침 사람들한테 들은 '흔종' 이야기가 떠올라 말머리로 삼았습니다. 흔종은 새로 만든 종에 동물을 죽여 피를 바르는 의식입니다. 보통 희생되는 동물은 소였습니다.

"임금께서 소를 양으로 바꾸라고 하셨다면서요?"

"그랬지요."

"정말 소가 양보다 비싸서 그러셨나요? 임금께서 재물을 아끼느라 그랬다고 사람들이 말한답니다."

제선왕이 고개를 흔들었습니다.

"그렇지 않아요. 소가 죽을 걸 알고 벌벌 떠는 게 불쌍해서 그랬지요."

"양은 죽지 않나요? 양은 불쌍하지 않다는 말입니까?"

"…… 그러게요. 양도 불쌍하지요. 근데 내가 왜 그랬을까요?"

제선왕이 자신의 마음을 자기가 이해하지 못해 맹자에게 묻습니다. 맹자는 그렇게 묻기를 바랐던지라 시원하게 대답해 줍니다.

"소는 봤고 양은 못 봤기 때문입니다."

"그게 어째서?"

제선왕은 아직 확실히 이해가 되지 않습니다.

"사람에겐 '차마 못하는 마음'이 있습니다. 소가 눈앞에서 벌벌 떠는 것을 보고 차마 죽이지 못하는 마음이 발동을 한 것이지요. 양은 눈앞에 보이지 않으니 희생으로 쓰라고 말씀하신 거고요. 흔종의 의식을 없앨 수는 없으니까요."

"그 마음이 중요한 겁니까?"

"무엇보다 귀합니다. 소를 불쌍히 여겨 차마 죽이지 못하는 마음, 그게 바로 임금께서 훌륭한 정치를 할 수 있는 바탕을 갖고 있다는 뜻입니다."

제선왕은 맹자가 칭찬을 하니 기분이 좋습니다. 하지만 곧 제선왕은 궁지에 몰립니다. 맹자가 진짜로 하고 싶은 이야기는 흔종이나 '차마 못하는 마음'이 아니었거든요. 맹자는 제선왕이 좋은 바탕을 갖고 있으면서도 제대로 된 정치를 못하고 있다는 걸 지적하려는 것이었습니다.

기분 좋은 제선왕은 맹자 말을 들을 준비가 잘 되었습니다. 달변가들의 기본적인 수법에 걸려든 것이지요. 상대방이 내 말을 듣기를 바란다면 상대가 귀와 마음을 열게 해야지요. 처음부터 단점을 지적하고 들어가면 상대방은 귀를 닫아 버립니다. 맹자는 이렇게 이야기를 이끌어 갑니다.

"백성들은 늘 생산되는 물건이 없으면 한결 같은 마음을 가질 수가 없습니다. 한결 같은 마음을 잃어버리면 방탕하고, 간사하고, 사치하고, 나쁜 짓을 못할 게 없습니다. 이렇게 백성들을 죄악의 구렁텅이에 빠뜨린 뒤에 형벌로 다스린다면 좋은 정치라 할 수 있겠습니까?"

제선왕은 살짝 긴장을 했습니다. 얼굴에서 웃음기를 거두고 묻습니다.

"혹시 지금 우리 제나라가 그렇다는 말인가요?"

"제나라만 그런 게 아닙니다. 지금 세상 모든 나라가 그렇습니다. 정치를 한다는 사람들이 백성을 위한다고 말로는 떠들어 대지만 백성들은 하루하루 고통을 겪고 있습니다. 한집안의 가장이 위로는 부모를 섬기기 어렵고 아래로는 처자를 먹여 살릴 길이 없습니다. 풍년이 들어도 생산물을 다 빼앗겨 먹을 게 부족하고 흉년이 들면 굶주리다 죽습니다. 대궐과 대부들의 창고엔 곡물이 가득 쌓여 있으나 백성들은 겨우 죽음이나 면하고 살아갑니다."

제선왕이 이마에 주름을 잡았습니다. 불편한 마음이 겉으로 드러난 것입니다. 그러나 맹자는 말을 늦추지 않습니다. 끝까지 단호하게 밀어붙이는 것이 맹자의 특기입니다.

"모든 백성이 평화롭게 살 수 있는 길이 있습니다. 임금께선 그 길을 가지 않고 있을 뿐입니다. 못하는 것이 아니지요."

"제가 안 한다는 겁니까? 할 수 있는데도요?"

"그렇고말고요. 임금께선 '차마 소를 죽이지 못하는 마음'을 갖고 계시지 않습니까."

맹자가 한 번 숨을 고른 뒤 제선왕에게 말했습니다.

"태산을 겨드랑이에 끼고 바다를 한걸음에 건너 뛰라고 할 때 '저는 못합니다' 하면 이건 정말 못하는 것입니다. 하지만 나뭇가지 하

열세 살 내 인생의 첫 고전 맹자

나를 꺾어서 노인의 지팡이를 만들어 드리라고 하는데 '저는 못합니다'하면 이건 못하는 게 아니라 안 하는 것이지요. 지금 임금께서 백성들에게 어진 정치를 펴는 것은 어느 것에 해당하겠습니까?"

"알겠습니다. 제가 나뭇가지를 꺾지 않는 거로군요."

제선왕이 선선이 대답했습니다. 맹자는 제선왕 태도에 감동했습니다. 그래서 자신이 갖고 있는 생각을 아낌없이 다 털어놓았습니다.

"임금께선 마음 깊숙이 갖고 계신 욕망을 버리셔야 합니다."

"제 욕망을 아신단 말입니까?"

"영토를 크게 확장하고 백성 숫자를 늘리고 진나라, 초나라 같은 대국의 조공을 받고 싶어 하십니다. 나아가 중국 천하를 제패한 뒤 사방 오랑캐들도 다 복종시키려는 야망을 갖고 계십니다. 맞지요?"

"안 됩니까?"

"그렇습니다. 그 욕망은 나무 위에 올라가 물고기를 잡으려는 것과 다를 바 없습니다."

"그렇게 형편없는 욕망이란 말이오?"

"그렇습니다. 사실 더 나쁩니다. 나무 위에 올라가 물고기를 구하는 일은 물고기만 못 잡으면 그만입니다. 지금 임금께서 가진 그 욕망은 물고기를 못 잡을 뿐 아니라 반드시 뒤에 재앙이 따라옵니다."

"재앙이라고요?"

"그렇습니다. 천하를 제패하겠다는 욕망은 계속 전쟁을 일으키고, 전쟁은 백성들의 삶을 철저하게 파괴하게 될 겁니다."

"그럼 어찌하면 좋겠소?"

"왕도정치를 펴시면 됩니다."

제선왕이 귀를 쫑긋 세우자 맹자는 몇 가지 왕도정치의 방법을 들려 줍니다.

"집집마다 울타리에 뽕나무를 심고 누에를 치게 하면 쉰 살쯤 된 사람들은 비단 옷을 입을 수 있습니다. 또 닭과 돼지, 개를 기르게 하면 일흔 살 된 노인이 고기를 먹을 수 있습니다. 집집마다 만 평쯤 되는 땅을 주고 서로 도와 농사를 짓게 하면 여덟 명의 식구가 있는 집도 굶지 않습니다. 그런 다음 학교를 세워 효도와 공경을 배우게 하면 머리가 허연 사람들이 길거리를 떠돌지 않아도 됩니다. 노인이 비단 옷을 입고 고기를 먹으며 검은 머리 백성들이 굶지 않고 추위에 떨지 않는다면, 이게 바로 왕도정치입니다."

"오!"

제선왕은 고개를 크게 끄덕였습니다. 맹자와 제선왕의 첫 만남은 화기애애했습니다. 이렇게 시작한 맹자와 제선왕의 깊은 교감은 칠 년간이나 이어집니다.

王曰_{왕왈} 不爲者與不能者之形_{불위자여불능자지형}은 何以異_{하이이}오?
曰挾太山以超北海_{왈협태산이초북해}를 語人曰_{어인왈} 我不能_{아불능}이라
하면 是誠不能也_{시성불능야}라. 爲長者折枝_{위장자절지}를 語人曰_{어인왈}
我不能_{아불능}이라하면 是不爲也_{시불위야}오 非不能也_{비불능야}라. 故
王之不王_{고왕지불왕}은 非挾太山以超北海之類也_{비협태산이초북해지류야}
오 王之不王_{왕지불왕}은 是折枝之類也_{시절지지류야}라.

제선왕이 맹자에게 물었다.

"하지 않는 것과 못하는 건 어떻게 다릅니까?"

"태산을 겨드랑이에 끼고 북해를 건너뛰는 일을 '나는 못한다'고 사람들에게 말하면 이것은 참으로 못하는 겁니다. 노인을 위하여 나뭇가지를 꺾어 지팡이 만들어 주는 일을 '나는 못한다'고 사람들에게 말하면 이것은 안 하는 것이지 못하는 게 아닙니다. 그러므로 임금이 임금노릇을 제대로 못하는 건 태산을 겨드랑이에 끼고 바다를 건너는 종류가 아니고 나뭇가지를 꺾는 종류의 일입니다."

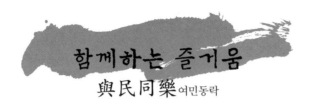

함께하는 즐거움
與民同樂 여민동락

세종대왕은 '조선 시대' 하면, 가장 먼저 떠오르는 인물입니다. 우리나라 화폐의 대표 얼굴이며 드라마나 영화의 단골 주인공이기도 하죠. 세종의 '한글'은 지구상의 언어사에 독보적인 발명품이라는 평가를 받습니다. 미국의 어떤 언어학자는 세종 탄신일인 5월 15일에 한반도를 향해서 절을 한다고 합니다. 인류 중 가장 뛰어난 언어학자에 대한 존경의 마음을 그렇게 보내는 셈이지요.

다방면에 뛰어난 재능을 보인 세종은 음악에도 조예가 깊었습니다. 절대음감을 가진 세종은 연주 중에 희미하게 틀린 악기의 음도 정확하게 집어 냈다고 하죠. 세종 때 만들어진 유명한 기악합주곡이 있는데요, 바로 〈여민락〉입니다. 여민락與民樂은 '백성과 더불어 즐긴다'는 뜻입니다. 이 말은 맹자가 한 말입니다. 조선이 맹자의 사상을 바탕으로 세워진 나라라는 것을 여기서도 잘 보여 줍니다.

세종은 잘 알다시피 태종의 셋째 아들입니다. 태종 이방원은 스승이자 정신적인 지주였던 정도전을 자기 손으로 죽입니다. 태종이 왕위에 오르는 데 정도전이 방해가 되었기 때문입니다. 그러나 태종은 정도전이 맹자의 사상을 바탕으로 만든 시스템을 바꾸지는 않습니다. 맹자는 임금이 임금 노릇을 제대로 못하면 언제든지 갈아 치워도 된다고 주장합니다. 임금을 바른 길로 가도록 늘 인도하는 훌륭한 신하가 있어야 된다고도 했죠. 그래서 조선은 임금이 신하들에게 배우는 '경연제도'를 철저하게 시행했습니다.

어린 세종은 아버지를 따라다니며 정도전을 만납니다. 그리고 정도전이 주장하는 맹자의 사상에 감동을 받습니다. 맹자의 근본 사상은 '백성이 나라의 뿌리'라는 민본주의입니다. 여민락도 바로 그런 주장 가운데 하나입니다. 백성과 함께 즐기지 않는 혼자만의 즐거움인 '독락'은 진정한 즐거움이 될 수 없다는 것이죠. 어린 시절에 내면화 된 감동은 임금이 된 세종에게 여민락의 창작으로 현실화됩니다.

맹자는 제선왕과 이런 이야기를 나눕니다. 장포라는 제선왕의 신하가 '우리 임금님은 음악을 참 좋아하십니다.'라고 하는 말을 들은 뒤였어요. 맹자가 제선왕에게 묻습니다.

"왕께서 음악을 매우 좋아하신다고 하더군요."

제선왕이 손사래를 쳤습니다.

"아이구, 자랑할 만한 일이 못 됩니다. 선왕들의 고전음악은 좋아할 능력이 안 되고 지금 유행하는 세속의 음악이나 좋아하는 정도입니다."

"전혀 부끄러워하실 일이 아닙니다. 음악을 좋아한다는 것이 중요합니다. 고전음악이냐 유행음악이냐는 구분도 크게 문제가 안 됩니다. 다만 임금이라면 꼭 지니셔야 할 조건은 하나 있습니다."

맹자 말에 제선왕의 눈이 빛났습니다. 좀 더 맹자 쪽으로 몸을 숙이며 제선왕이 물었습니다.

"그 조건이 뭔지 들을 수 있겠습니까?"

맹자가 빙긋 웃으며 고개를 끄덕였습니다. 그리고 이렇게 말했습니다.

"음악을 혼자 즐기는 것과 다른 사람과 함께 즐기는 것 중에 어떤 것이 좋습니까?"

"다른 사람과 함께 즐기는 게 낫지요."

"적은 사람하고 즐기는 것과 여러 사람하고 즐기는 것은 어떻습니까?"

"여러 사람과 즐기는 것이 더 좋지요."

"그러시다면 되었습니다. 바로 그것이 조건입니다. 한 가지 예를 들어 보겠습니다. 임금께서 편종, 편경, 북, 피리, 거문고 같은 악기를 악사들과 연주하고 노래 부르며 즐기신다고 합시다. 그때 백성들이 그 소리를 듣고 '뭐야? 짜증나네. 우리는 먹고 살기 힘들어 죽겠는

1부·함께하는 즐거움〈양혜왕〉

데 뚱땅거리기나 하고' 하면서 이맛살을 찌푸린다면 왜 그러는 걸까요?"

"글쎄요?"

제선왕이 고개를 갸웃했습니다. 그러자 맹자가 다시 말했습니다.

"그럼 이건 어떻습니까? 임금께서 악사들과 악기를 연주하고 노래 부르며 즐길 때 백성들이 이렇게 말합니다. '아유, 우리 임금님이 건강하고 편안하신 모양이다. 저토록 아름다운 소리로 연주하고 노래를 부르시니 말이야' 하고 환한 얼굴로 기뻐한다면 백성들이 왜 그러는 걸까요?"

"…… 아, 알 것도 같습니다만. 아까 선생께서 말씀하신 그, 여러 사람과 함께 즐기라는 것. 여러 사람이란 바로 백성! 그렇지요?"

"맞습니다. 정확하게 아셨습니다. 백성들과 함께 즐기는 것, 그것이 중요합니다. 음악만이 아닙니다. 먹을 것, 입을 것, 살 곳도 다 같이 즐기셔야 합니다. 이것이 바로 훌륭한 임금의 조건입니다."

조선 세종 때 만들어진 기악합주곡 '여민락'은 향피리, 거문고, 가야금, 대금, 해금, 아쟁, 양금, 소금, 장구, 좌고 등 거의 모든 악기가 편성되는 대규모 관현합주입니다. 맹자가 제선왕에게 하는 말에도 보면 타악기, 관악기, 현악기 등 당시의 모든 악기가 동원되는 걸 알 수 있습니다. 연주하는 악기들도 다 모여서 함께 즐기는 거라고나 할까요.

물론 음악은 혼자 즐기는 것이 좋을 때도 있습니다. 사람마다 좋아하는 장르가 다르니까요. 그런데 대규모 콘서트가 자주 열리는 것을 보면 아마도 음악의 본질은 함께 즐기는 것이 아닌가? 하는 생각을 할 때가 있습니다. 여름마다 열리는 락페스티벌은 2박 3일이나 3박 4일 동안 잠도 자지 않고 즐기는 것을 볼 수 있습니다.

아메리카의 인디언이나 뉴기니 같은 태평양의 섬 지방 원주민들은 주기적으로 모여 즐겼습니다. 포틀레치나 쿨라라고 불리는 모임인데요. 부유한 사람이 자신이 가진 재물을 모두 풀어서 나누고 노래 부르고 춤추며 즐기는 겁니다. 우리 전통사회에선 '희사喜捨'라는 것이 있었습니다. 희사는 기쁜 마음으로 준다는 뜻입니다. 한 고을의 큰 부자가 땅이나 재물을 내놓는 일입니다. 그 땅과 재물로 학교도 짓고 가난한 사람들이 함께 생산물을 얻는 공유지로 쓰기도 했습니다. 유대인들은 '주빌리'라고 해서, 오십 년마다 공평하게 재물을 나누어 가졌다고 합니다.

요즘은 재물이 한 쪽으로 지나치게 몰려 있어서 누구는 부가 넘치는데 누구는 몇 만 원이 없어서 고통스럽게 살아갑니다. 주기적으로 공평하게 재물을 나눌 수만 있다면 가난에 지쳐 죽음을 선택하는 사람은 없어질 수도 있겠지요. 지금은 무척 힘들지만 몇 년 뒤에 다른 사람과 똑같이 재물을 나눠 가진다는 희망이 생기는 거니까요. 결국 맹자가 제선왕에게 들려 준 여민락은 포틀레치사람들을 초대해 음식을 나눠주던 인디언의 풍습, 쿨라멜라네시아인들이 행하는 의례적 교환 행위, 희사나 주빌리일정 기간마다 죄나 부채를 탕감해주는 기독교 전통의 다른 이름이라고 할 수 있습니다.

今王鼓樂於此_{금왕고악어차}에 百姓聞王鐘鼓之聲_{백성문왕종고지성}과 管簫之音_{관약지음}하고 擧欣欣然有喜色而相告曰_{거흔흔연유희색이상고왈}하니 吾王_{오왕}이 庶幾無疾病與_{서기무질병여}인저 何以能鼓樂也_{하이능고악야}오 今王田獵於此_{금왕전렵어차}에 百姓_{백성}이 聞王車馬之音_{문왕거마지음}과 見羽旄之美_{견우모지미}하고 擧欣欣然有喜色而相告曰_{거흔흔연유희색이상고왈}하니 吾王_{오왕}이 庶幾無疾病與_{서기무질병여}인저 何以能田獵也_{하이능전렵야}오 此無他_{차무타}라 與民同樂也_{여민동락야}라.

지금 임금이 여기서 음악을 연주하시는데 백성들이 왕의 종과 북, 피리의 소리를 듣고 모두 환하고 기쁜 얼굴로 서로 보며 말하기를 '우리 임금님이 아마도 병이 없으신가 보다. 이렇게 음악을 즐기시네'합니다. 또 지금 임금이 여기서 사냥을 가시는데, 백성들이 왕의 수레와 말이 달리는 소리를 들으며 휘날리는 깃발의 아름다움을 보고 말하기를 '우리 임금님이 건강하신가 보다. 이렇게 사냥을 나가시네'하고 말하며 좋아합니다. 이는 다른 것이 아닙니다. 평소에 임금이 늘 백성들과 함께 즐겼기 때문입니다.

큰 가뭄에 비구름과 무지개가
서기를 바라듯
若大旱之望雲霓也 약대한지망운예야

　　맹자와 제선왕은 연나라를 두고 의견이 달라 갈등을 합니다. 연나라는 제나라 서북쪽에 있는 나라로 제나라와 국력이 비슷했습니다. 전국시대 당시 중국 천하는 일곱 개 나라가 힘이 막상막하여서 '전국칠웅戰國七雄'이라 불렸죠. 전국칠웅은 중원의 한, 위, 조 등 세 나라와 동북의 제, 북쪽의 연, 남쪽의 초, 서쪽의 진나라입니다. 결국 최후엔 서쪽 진나라의 시황제가 천하를 통일하게 됩니다.

　　제선왕이 연나라와 전쟁을 벌여 50일 만에 점령을 합니다. 제나라가 군사력이 비슷했던 연나라를 이길 수 있었던 이유가 있습니다. 당시 연나라는 내전이 일어나서 극도로 혼란한 상태였거든요. 연나라 왕인 '쾌'가 권력 다툼에서 밀려 재상인 '자지'에게 왕위를 물려줍니다. 쾌의 아들인 태자 '평'이 가만있을 리가 없지요. 평이 장군 '시피'

와 함께 자지를 공격하여 내전이 일어납니다.

장군 시피는 죽고 자지가 승리를 하지만 양쪽 군대에서 수만 명의 사상자가 나왔습니다. 태자 평은 일단 물러나 재기를 노리며 군사를 다시 모았습니다. 이러는 가운데 죽어나는 건 백성들이죠. 민중들은 자지나 평을 모두 싫어했습니다. 한 놈은 홍수 같고 한 놈은 가뭄 같다고 욕을 했습니다. 백성들을 물에 빠뜨려 죽이고 불로 태워 죽이는 것과 같다고 말이죠. 바로 이렇게 혼란한 틈에 제나라가 연나라를 공격한 것입니다.

제나라가 군대를 일으켜 공격한 명분은 무엇일까요? 자지와 평이 내전을 일으켜 백성들을 괴롭히고 있으니 백성들의 삶을 안정시키기 위하여 정벌한다는 것이었습니다. 정말 그럴듯한 명분이지요? 그러나 제선왕이 연나라를 50일 만에 점령을 하고 나서 벌인 일은 내세운 명분하고는 달랐습니다. 연나라 대신들을 죽이고, 젊은 청년들을 잡아 노예로 삼고, 연나라 종묘를 파괴하고, 연나라 국가 보물을 제나라로 옮겨 오는 일을 저질렀습니다.

제나라 군대가 처음 들어올 때 연나라 백성들은 대바구니에 먹을 것을 담고 호로병에 물과 술을 넣어 대접했습니다. 제선왕이 내세운 명분대로 내전이 끝나고 평화로운 삶이 시작되기를 바랐기 때문이죠. 그러나 상황이 더 나빠졌습니다. 마음대로 약탈을 자행하는 제나라 병사들을 보면서 연나라 사람들은 땅을 치며 후회를 했습니다. 그런데도 제선왕은 의기양양하여 맹자에게 이렇게 말합니다.

열세 살 내 인생의 첫 고전 맹자

"연나라와 우리 제나라는 영토와 백성이 비슷하오. 그런데도 우리가 50일 만에 완벽한 승리를 거두었으니 이건 인간의 힘이라고 할 수 없소. 반드시 하늘이 도운 결과라 생각됩니다. 그러니 연나라를 우리 영토로 편입시키지 않는다면 하늘의 뜻을 어기는 재앙이 있을까 두렵소. 어떻게 생각하십니까?"

맹자가 고개를 흔들고 나서 단호하게 말합니다.

"안 됩니다. 하루빨리 철수를 해야 합니다. 임금께선 어서 명령을 내려 모든 포로를 돌려보내고, 연나라 보물은 제자리에 가져다 놓게 하십시오. 아울러 연나라 인민들과 의논하여 마땅히 군주가 되어야 할 사람이 연나라 임금이 되게 하소서."

제선왕이 살짝 이마에 주름을 잡으며 말했습니다.

"어째서 그렇게 해야 하오?"

"지금 제나라는 은나라를 세운 탕 임금과 같은 행동을 하지 않기 때문입니다."

"자세히 들려 주시오."

"탕 임금이 군사를 일으켜 처음으로 정벌한 나라는 '갈'이었습니다. 갈 땅의 군주는 정말 포악한 사람이었습니다. 백성들 생산물을 모조리 빼앗고 굶어 죽거나 말거나 신경도 쓰지 않았죠. 탕 임금이 갈을 정벌하자 갈 땅 백성들이 기뻐했을 뿐 아니라 천하의 모든 사람들이 '정의로운 일'이라고 인정했습니다. 그때부터 탕 임금이 동쪽으로 가면 서쪽 나라 사람들이 원망하고 남쪽으로 가면 북쪽 사람들이 원망을 했습니다. 백성들 원망은 '빨리 오소서! 왜 우리에게 늦게 오느냐!' 는 것이었습니다. 나쁜 정치에 시달리는 백성들이 탕 임금의 군대를 기다리는 마음은 마치 큰 가뭄이 들었을 때 비구름을 초조하게 기다 리는 것과 같았습니다."

"연나라도 마찬가지 아닙니까? 연나라 백성들이 우리를 환영했으 니 말입니다."

"처음엔 그랬죠. 그러나 지금은 아닙니다. 탕 임금의 군대는 점령 한 나라 인민들에게 전혀 공포감을 주지 않았습니다. 시장 보러 가 는 사람은 여전히 시장을 보러 가고, 밭을 가는 농부는 여전히 평일 처럼 쟁기질을 했습니다. 다만 포악한 군주와 그런 군주에게 아부하 던 간신들만 처벌했을 뿐입니다. 인민들이 '우리가 이제 다시 살아났 다!' 하고 환호할 수밖에 없지요. 그런데 지금 제나라 군대는 어떻습 니까?"

제선왕이 대답 없이 가만히 있다가 옆에 있던 사람을 보며 딴소리 를 했습니다. 맹자도 묵묵히 있다가 자리에서 일어섰습니다. 연나라 처리 문제는 결국 맹자가 제나라를 떠나게 만드는 원인 중에 하나가 되었습니다. 제선왕은 맹자의 간곡한 말도 듣지 않고 무려 2년이나 제나라 군대를 연나라에서 철수하지 않았습니다.

이 일은 2003년에 일어난 미국의 이라크 침공이 생각나게 합니다. 미국은 '이라크가 대량 살상무기를 보유하고 있어 인류에게 위협이 된다'는 명분을 내세워 이라크 수도 바그다드를 공습합니다. 그러나 2004년에 이라크에 파견된 미국 조사단은 '이라크에는 대량 살상무기가 없다'는 최종 보고서를 제출합니다. 미국이 내세운 전쟁의 명분은 거짓이었던 셈입니다. 오히려 전쟁에 동원된 대량 살상무기는 미국군이 사용한 스마트 폭탄과 미사일 등 최첨단 무기들이었습니다.

제나라가 연나라를 50일 만에 점령했듯 미국도 이라크를 23일 만에 점령을 완료합니다. 그러나 전쟁이 완전히 끝난 것은 2011년 12월 15일 버락 오바마 미국 대통령이 공식적으로 선언할 때였습니다. 8년이나 되는 기간 동안 이라크 상황은 처참했습니다. 수많은 문화재가 파괴되고 젊은 병사들과 죄 없는 인민들이 죽어 갔습니다. 당시 전쟁을 일으킨 미국 대통령은 부시입니다. 여기 제선왕이 맹자의 말을 듣지 않았듯이 부시도 전쟁을 반대하는 누군가의 말을 듣지 않았을 것입니다. 제선왕이 연나라 영토와 보물에 대한 욕심을 갖고 있듯이 부시도 마음속에 욕심을 품고 있었습니다. 겉으로는 드러내지 않은 욕심 말입니다.

큰 가뭄이 들었을 땐 간절하게 비가 내리기를 기다립니다. 그런데 비가 지나쳐서 홍수가 되어 버리면 더욱 살기 어려워집니다. 비가 너무 많이 내리면 또 맑은 날이 되기를 바랍니다. 그런데 한없이 맑은 날만 계속되면 불타는 가뭄이 오고 말죠. 연나라와 이라크는 비를 기다리다가 홍수가 났고 맑은 날을 기다리다가 가뭄이 든 꼴입니다.

가장 좋은 것은 연나라와 이라크가 스스로 가뭄과 홍수를 다스리는 것입니다. 외부의 세력은 반드시 자기에게 이로운 욕심을 부리기 마련입니다.

　　지금 우리 대한민국도 똑같은 입장에 있습니다. 미국과 중국 등 외부 세력에 의존하면 엄청난 가뭄과 홍수를 겪게 될 것이 불보 듯 뻔합니다. 남한과 북한이 스스로 중심을 세워야 합니다. 그런데 동포끼리 서로 미워하며 내전을 벌이고 있는 꼴이니 제나라나 미국 같은 외부 세력이 서로 침을 흘리며 덤벼들지 않겠습니까.

民望之민망지하기를 若大旱之望雲霓也약대한지망운예야라. 歸市者귀시자不止부지오 耕者不變경자불변하며 誅其君而吊其民주기군이조기민하니 若時雨降약시우강이라 民大悅민대열이로다.

나쁜 정치에 고통 받는 인민의 바람은, 마치 큰 가뭄에 비구름과 무지개가 서기를 바라듯 한다. (좋은 정치를 펴는 탕 임금의 군대가 점령했을 때) 시장 가는 사람은 걸음을 멈추지 않고 여전히 시장을 가며 밭 가는 사람도 평소처럼 변화가 없었다. 다만 포악한 군주만 죽여 인민들을 위로하니 마치 때맞춰 내리는 비와 같아서 인민들이 크게 기뻐했다.

나는 나의 호연지기를 잘 기른다

사람은 모두 '차마 보지 못하는 마음'을 갖고 있다

나를 버리고 다른 사람을 따르다

감히 부탁은 못하지만 정말 소원이다

차마 보지 못하는 마음
〈공손추〉

나는 나의 호연지기를 잘 기른다
我善養吾浩然之氣 아선양오호연지기

맹자는 임금인 제선왕으로부터 스승 대접을 받으며 제나라에 칠 년을 머물렀지요. 수많은 사람들이 제자가 되었는데 그 중에 가장 뛰 어난 인물이 공손추였습니다. 공손추와 맹자가 나눈 대화가 『맹자』 에 많이 기록되어 있습니다. 하루는 공손추가 맹자에게 이렇게 여쭈 었습니다.

"선생님께서 잘하시는 건 무엇인가요?"

"두 가지가 있지. 나는 나의 호연지기를 잘 기르고, 남의 말을 잘 알아듣지."

"궁금합니다. 호연지기가 무엇입니까?"

"음. 인간의 언어로는 설명이 좀 어려운데…… 뭐라고 할까. 그래, 지극히 크고 지극히 굳세다고 할까?"

"호연지기가 있으면 어떻게 됩니까?"

"아주 작은 사람이라 하더라도 호연지기가 있으면 그 사람의 기운이 천지를 꽉 채운 것처럼 느껴지지. 호연지기가 없는 사람은 활력이 없고 시들어 버린 쭉정이처럼 된다."

"예. 알겠습니다. 굉장히 중요한 기운이로군요. 그 호연지기를 어떻게 기를 수 있습니까? 선생님은 잘 기른다고 하셨는데요."

"좋은 질문이다. 호연지기는 정의로운 행동이 하나하나 쌓여서 이루어진다. 어느 날 하루 정의로운 행동을 했다고 해서 호연지기가 생기진 않는다. 며칠 동안 의로운 행동을 하다가도 어느 날 불의를 저지르면 그동안 쌓았던 호연지기는 사라지고 만다. 그래서 호연지기는 '조장'할 수는 없는 기운이다. 사람들이 그것도 모르고 조장하는 실수를 저지르지."

"조장이라고요? 조장이 무엇입니까?"

"조장이란 말이야."

맹자가 송나라 농부 이야기를 들려 줬습니다. 봄이 되자 농부는 밭을 갈고 씨앗을 뿌렸습니다. 싹은 잘 나왔는데 날이 가물어 쑥쑥 자라질 못했습니다. 농부는 밭둑에 앉아서 키 작은 싹들을 안타깝게 바라보다가 퍼뜩 생각나는 게 있어서 밭으로 들어갔습니다. 농부는 싹을 하나하나 정성 들여서 뽑아 올리기 시작했습니다.

구슬땀을 흘리며 농부가 부지런히 일한 결과 밭의 싹들은 키가 조

열세 살 벼 인생의 첫 고전 맹자

금 커졌습니다. 밭을 둘러보며 농부는 만족스럽게 웃었습니다. 그리고 집으로 돌아가 자랑스럽게 말했습니다.

'오늘은 내가 많이 피곤하다. 싹이 얼른 자라도록 내가 일일이 다 도와 주고 왔지.'

'네?'

부인과 아들이 고개를 갸웃했습니다. 아들이 재빨리 밭으로 달려가 살펴보았습니다. 당연히 여기저기서 싹들이 고개를 숙인 채 시들어가고 있었죠. 농부가 싹의 키를 키운다고 뿌리를 뽑아 올린 탓이었습니다. 맹자가 말합니다.

"농부가 한 일이 바로 조장助長이야. 자라도록 도우려다 오히려 죽여 버린 것이지. 성급하게 목적을 이루려고 하면 잘못되는 일이 더 많은 법이야. 조금씩 착실하게 쌓여서 단단하게 뭉쳐야 굳세다네. 호연지기는 조장할 수 없다는 말이지."

"예. 잘 알겠습니다. 그런데 호연지기가 몸에 가득 찬 사람은 어떤 모습입니까?"

"마음이 이리저리 쉽게 흔들리지 않지. 그것을 부동심이라고 해. 나는 나이 마흔에 부동심에 도달했다네."

"부동심이요? 설명해 주시겠습니까?"

맹자가 고개를 끄덕이고 먼저 북궁유와 맹시사의 이야기를 들려 줬습니다. 북궁유는 제나라의 전설적인 무사였습니다. 칼이 살을 찢어도 꿈쩍하지 않고 칼이 눈을 찔러도 눈동자는 상대방을 노려볼 정도였습니다. 자기를 모욕한 사람은 임금이라 하더라도 용서하지 않고 반드시 응징했습니다.

맹시사 역시 제나라 용사인데 싸움에 지는 적이 거의 없었습니다. 적군이 아무리 많아도 겁을 먹는 법이 없는 사람이었죠. 탁월한 용맹에 사람들이 탄복하자 맹시사가 말했습니다.

'도저히 이길 수 없어 보이는 적도 반드시 이길 수 있다는 신념을 갖고 나는 돌진한다. 어떤 상황에서도 두려움을 던져 버리고 최선을 다할 뿐이다.'

"북궁유와 맹시사, 이 두 사람은 어느 정도 부동심을 얻었다고 하겠지. 그러나 호연지기를 몸에 꽉 채우고 있는지는 알 수가 없다. 진정한 부동심은 호연지기가 몸에 가득 차 있어야 달성되는 것이지."

"그렇군요. 감사합니다. 저도 호연지기를 기르도록 해야겠습니다."

"좋지. 좋은 일이야."

맹자가 호탕하게 껄껄 웃었습니다.

우리는 과연 맹자가 말하는 호연지기를 갖고 있을까요? 호연지기의 전제 조건은 '정의로운' 행동입니다. 세상의 정의와 불의는 정직하냐 거짓이냐가 기준이 됩니다. 만 세 살만 되어도 인간은 정직과 거짓을 구분합니다. 전혀 배우지 않아도 말이죠. 다만 행동이 문제입니다. 정의로움이 좋은 줄은 알지만 실천이 어려운 것이지요.

호연지기는 불의에 흔들리지 않는 굳센 기운이기도 합니다. 우리 마음은 정말 많이 흔들립니다. 친구가 한 말이 도대체 이해되지 않을 때, 저 친구가 왜 그런 말을 했을까 고민하면서 내 마음은 마구 흔들립니다. 다른 사람의 마음을 알 수가 없어서 내 마음이 상처를 입는 경우도 있지요. 이럴 때는 내 몸의 기운이 쑥쑥 빠져나갑니다. 맹자가 말한 대로 정말 알맹이 없는 쭉정이가 되는 느낌이 듭니다.

맹자는 말해 줍니다. 남의 마음 때문에 내 몸의 기운을 괴롭혀서는 안 된다고 말이죠. 남의 마음이 이해되지 않으면 생각하기를 그만두라는 뜻입니다. 그런데 다른 사람의 말이 이해되지 않을 때에는 이해될 때까지 최대한 노력을 하라고 합니다. 말은 마음보다 훨씬 이해하기가 쉬우니까요.

이해할 수 있는데도 이해하려 들지 않는 건 정성이 부족한 것이지요. 그러나 도저히 이해할 수 없는 일을 괜히 이해해 보겠다고 애쓰고 내 몸의 기운까지 상처 입히는 일은 어리석다는 겁니다. 그러니까 말은 끝까지 이해하려 노력하되 마음은 이해가 안 되면 그만두라는 뜻입니다. 이것이 맹자가 부동심을 기르는 좋은 방법이라고 말합니다. 부동심은 나의 호연지기를 기르기 위해 꼭 거쳐야 하는 과정이기도 합니다.

사실 그렇기도 합니다. 우리가 고민하는 일의 90%는 고민할 필요가 없는 일이라는 말이 있습니다. '사서 고생한다.'는 말도 있지요. '쿨'하게 넘어갈 때 마음은 편해지고 내 몸의 기운이 상처를 덜 입으니까요. 여러분은 어떤가요?

敢問夫子_{감문부자}하노니 惡乎長_{오호장}잇가? 曰我知言_{왈아지언}하며 我善養吾浩然之氣_{아선양오호연지기}하노라. 其爲氣也_{기위기야}는 至大至剛_{지대지강}하며 以直養而無害_{이직양이무해}하여 則塞于天地之間_{즉색우천지지간}하며 其爲氣也_{기위기야}는 配義與道_{배의여도}하여 無是_{무시}면 餒也_{뇌야}니라.

"감히 선생님께 여쭙니다. 선생님은 무엇을 잘 하시는지요?"

"나는 남의 말을 잘 알아듣고 나의 호연지기를 잘 기른다. 호연지기는 지극히 크고 지극히 굳세다. 정직으로 기르고 거짓으로 해침이 없으니 하늘과 땅 사이에 가득 찬 느낌이 든다. 호연지기는 정의와 정도를 짝하니 이 기운이 없으면 굶주려서 말라비틀어진 쭉정이 같은 사람이 된다."

사람은 모두
'차마 보지 못하는 마음'을 갖고 있다
人皆有不忍人之心者인개유불인인지심자

어떤 학교의 도덕 시간입니다. 선생님이 동영상을 하나 보여 줬습니다. 깊은 밤, 한 사람이 골목길에서 칼에 찔려 비명을 지르는데 아무도 도와주지 않는 내용이었습니다. 골목길 옆집들은 오히려 켜 있던 불을 끄고 모른 척했습니다. 칼에 찔린 사람은 고통 속에 죽어갔습니다. 비명 소리를 들은 30여 가구 중에 경찰에 전화를 한 사람은 딱 두 명뿐이었다고 합니다.

"이런데도 사람의 본성이 착하다고 할 수 있을까?"

선생님이 물었습니다. 동영상이 주는 충격에 빠진 아이들은 선생님의 물음에 선뜻 대답을 못합니다.

맹자는 '성선설性善說'을 주장한 것으로 유명합니다. 성선설이란 '사람의 타고난 성품은 착하다'는 주장입니다. 사람의 타고난 성품에 대한 주장은 다양합니다. 사람은 악한 성품을 타고난다는 '성악설'도 있고, 착하지도 악하지도 않은 성품을 타고난다는 '백지설'도 있습니다. 백지설은 사람의 성품은 마치 하얀 종이와도 같아서 착한 환경을 만나면 착하게 되고 악한 환경을 만나 악하게 된다는 것이지요. 다 일리가 있어서 어떤 주장이 가장 옳다고 말하기는 어렵습니다. 어쨌든 맹자는 성선설을 주장했는데요, 그 근거를 이렇게 말합니다.

"갓난아이가 엉금엉금 기어서 우물로 가는 것을 우연히 봤다고 하자. 아이가 우물에 빠져 죽으려 한다면 우리는 누구나 측은한 생각이 들고, 곧바로 달려가 아이를 구할 것이다. 아이를 구하는 순간, '아이의 부모와 좋은 인연이 되겠구나!' 또는 '마을 사람과 친구들에게 칭찬을 받겠구나!' 또는 '아이를 구하지 않으면 사람들에게 욕을 먹겠지?' 같은 생각을 하지는 않는다."

아이가 깊은 우물에 빠져 죽을 것 같은 위기의 순간, 아이를 구하는 것은 이것저것 따질 겨를이 없습니다. 그저 아이를 구하고 본다는 것입니다. 아이를 구하면 칭찬을 받으니 좋겠다거나 아이를 구하지 않았다고 욕을 먹을지도 모른다는 생각은 하지 않는다는 것이죠. 물론 아이 부모에게 사례금을 받을지도 모른다는 계산은 더더군다나 하지 않을 거고요. 아무것도 모르는 갓난아이가 죽는 것이 불쌍한 마음이 들어 그냥 구해 준다는 것입니다. 아이가 죽는 것을 '차마 보지 못하는 마음', 이것이 바로 사람 본성은 착하다는 맹자 주장의 근거

2부 · 차마보지 못하는 마음 〈공손추〉

입니다.

어떻습니까? 과연 맹자의 주장이 맞다는 생각이 드시나요? 아니면 반대하시나요? 맹자의 주장에 반대하는 사람들은 맹자가 살았던 당시에도 있었습니다. 어떤 사람은 이렇게 말했지요.

"아이가 우물로 기어가는 것을 보고 다 구하는 건 아니다. 전혀 판단능력이 없는 사람이 그 상황을 봤다고 하자. 그 사람은 돌덩이가 우물에 떨어지는 거나 아이가 우물에 떨어지는 거나 똑같이 생각한다. 판단 능력이 전혀 없는 사람은 그저 멍하니 아이가 우물에 빠지는 것을 구경할 것이다."

모든 사람이 착한 본성을 타고난다면 판단능력이 없어도 본성은 착하기 때문에 아이를 구해야 한다는 것이죠. 그러나 판단능력이 없는 사람은 아이를 구하지 못한다는 겁니다. 이 사람 주장은 그러니까, 맹자의 성선설은 '판단능력이 온전한 사람'이라는 전제 조건이 필요하다는 것입니다. 그러므로 맹자 주장은 완벽하지 않다는 비판입니다.

조선 시대 학자 최한기1803-1877는 '인간은 경험하지 않고는 맹자가 말한 행동을 하지 못한다'고 주장했습니다. 생명을 구하는 것이 가치로운 일이라는 것을 직접적이든 간접적이든 경험을 해야만 한다는 것입니다. 직접 사람을 구하고 나서 보람을 느낀 경험이 있거나 사람을 구하는 것이 좋은 일이라는 것을 이야기로 듣거나 배움을 통해서 내면화한 사람이라야 아이를 구하는 행동을 하게 된다는 것이죠.

최한기는 착한 본성을 타고난다는 맹자의 주장을 비판하면서 사람의 성품은 후천적인 경험을 통해 형성된다는 주장을 하고 있습니다. '백지설'과 비슷합니다.

그런데 사실, 맹자도 사람 본성이 착하다고 믿은 건 아닙니다. 아이를 구하는 마음을 '차마 보지 못하는 마음'이라고 했는데요. 이것을 측은지심惻隱之心이라고 합니다. 측은지심은 슬퍼하는 마음, 불쌍하게 여기는 마음, 연민하는 마음, 동정심 등등으로 해석할 수 있습니다. 아이가 우물에 빠져 죽을 것 같다고 생각하는 순간 측은지심이 발동한다는 겁니다. 하지만 측은지심이 곧 착한 마음인 것은 아닙니다. 이 측은지심은 착한 마음을 실천하게 하는 실마리라는 거예요.

그것을 '인을 실천하는 단서'라는 인단仁端이라고 합니다. 인은 맹자가 매우 중요하게 여기는 개념인데, 사람과 사람 사이에서 사랑을 실천하는 것을 말합니다. 사랑을 실천하는 실마리들이 많아서 자꾸 그렇게 행동하다 보면 착한 사람이 된다는 것입니다. 타고난 본성이 착하지는 않다고 해도 자꾸 착한 행동을 하다 보면 마치 본성이 착한 것처럼 여겨질 수도 있겠지요. 맹자가 노린 것은 바로 이 지점입니다.

맹자가 살았던 전국시대는 날마다 전쟁이 벌어지던 시대였습니다. 폭력과 죽음이 난무했습니다. 극도로 불안하고 불평등하며 어둡고

어지러운 시대입니다. 당연히 사람들은 어떻게 하면 평화로운 삶을 살 수 있을지 고민하게 됩니다. 이때 상앙, 양주, 묵적, 순자, 한비자 등등 역사에 이름을 남긴 수많은 사상가들이 나왔고 맹자도 그 중의 한 인물입니다.

맹자는 사람이 편안하게 살아갈 집을 '인仁'으로 보고 사람이 올바르게 살아갈 길을 '의義'로 봤습니다. 사람 하나하나가 인이라는 집에 살면서 의로운 길을 걷는다면 평화로운 세상이 된다고 한 것이죠. 그래서 맹자를 '인의'의 사상가라고 합니다. 맹자는 인의 집을 짓고 의로운 길을 만들기 위해선 '성선설'이 필요하다고 생각했습니다. 어떤 사람이 지독하게 악한 성품을 타고 태어난다고 해도 맹자는 착한 사람이 될 수 있다고 주장합니다. 왜냐하면 인을 실천하는 실마리를 잡기만 하면 되니까요.

그러니까, 맹자의 주장은 타고난 본성이 착하다는 것이 아니라 누구나 '착한 본성을 가진 사람이 될 수 있다'는 것으로 봐야 합니다. 현대의 심리학자들은 사람은 이기심을 70%, 이타심을 30%로 갖고 태어난다고 합니다. 결국 이기심과 이타심 중 어떤 것이 늘어나는가는 살아가는 태도에 달려 있는 셈입니다. 인도의 위대한 영혼이라는 간디는 90% 이상의 이타심을 가진 삶을 살아가는 것으로 자신을 변화시켰습니다. 반면 어떤 사람은 100% 이기적인 삶을 살아갈 수도 있습니다.

그래서 그런지, 맹자는 교육을 매우 중요하게 여깁니다. 교육으로 사람을 변화시킬 수 있다고 생각한 것이지요. 타고난 본성이 착하지 않다고 해도 착한 행동을 자꾸만 하다 보면 착한 사람이 될 수 있으니까요. 이렇게 사람이 착한 행동을 할 수 있도록 이끄는 것이 바로 교육입니다. 그런데 지금은 맹자가 생각하는 것과는 다른 방향으로 교육이 이루어지는 것 같습니다. 착한 사람이 되기를 바라기보다는 '잘난 사람'이 되기를 바라니까요. 남보다 잘난 사람이 되어 떵떵거리며 살기 위한 수단으로 교육을 합니다.

이런 교육은 성선이 아니라 성악으로 가는 길이며, 평화로 가는 길이 아니라 폭력으로 가는 길입니다. 협동이 아니라 경쟁을 부추기는 오늘날의 교육을 본다면 맹자는 "이런 못돼 먹은 사람들 같으니라고!" 하고 호통을 칠 것 같습니다.

無惻隱之心무측은지심이면 非人也비인야오 無羞惡之心무수오지심이면 非人也비인야오 無辭讓之心무사양지심이면 非人也비인야오 無是非之心무시비지심이면 非人也비인야라. 惻隱之心측은지심은 仁之端也인지단야오 羞惡之心수오지심은 義之端也의지단야오 辭讓之心사양지심은 禮之端也예지단야오 是非之心시비지심은 智之端也지지단야라. 人之有是四端也인지유시사단야는 猶其有四體也유기유사체야이니 有是四端而自謂不能者유시사단이자위불능자는 自賊者也자적자야라.

측은히 여기는 마음이 없으면 사람이 아니며, 악을 부끄러워하는 마음이 없으면 사람이 아니며, 사양하고 겸손한 마음이 없으면 사람이 아니며, 옳고 그름을 분별하는 마음이 없으면 사람이 아니다. 측은히 여기는 마음은 인을 실천하는 실마리이며, 악을 부끄러워하는 마음은 정의를 실천하는 실마리이며, 양보하고 겸손한 마음은 예의를 실천하는 실마리이며, 옳고 그름을 분별하는 마음은 지혜를 실천하는 실마리이다. 사람에게 이 네 가지 실마리가 있는 것은 마치 사람에게 팔과 다리 네 개가 있는 것과 같다. 이 네 실마리를 갖고 있으면서도 스스로 실천할 수 없다고 하는 건 스스로를 해치는 사람이다.

나를 버리고 다른 사람을 따르다

舍己從人 사기종인

나를 버리고 다른 사람을 따르라니 이 무슨 줏대 없는 행동인가, 하고 궁금한 생각이 들지요?

혹시 여러분은 이런 노랫말을 들어 보셨나요?

'내 속엔 내가 너무도 많아 / 당신의 쉴 곳 없네 / 내 속엔 헛된 바램들로 / 당신의 편할 곳 없네'

'가시나무새'라는 노래인데요, 가수이자 시인인 하덕규가 쓴 시를 가수 박강성이 부른 노래입니다. 내 몸 속에 내 생각들로만 가득 차 있어 남이 들어올 공간이 없다는 표현입니다.

우리는 친구들과 사귈 때도 그렇잖아요. 자기 고집만 내세우는 사람 옆에 있으면 불편합니다. 좀 너그럽고 다른 사람의 생각을 잘 받아들이는 친구 옆에서는 마음이 편해집니다. 가시나무새 노래말과는 달리 편하게 쉴 수도 있겠지요.

맹자도 '나를 버리는' 삶의 자세를 가장 높은 경지로 칭송합니다. 맹자는 자기보다 앞선 시대에 살았던 세 사람을 이야기합니다.

먼저 자로입니다. 자로는 공자의 제자인데요, 공자보다 아홉 살 적은 사람이었습니다. 수 백 명이었다는 공자의 제자 중에서도 나이가 많은 맏형 격이었지요. 자로는 원래 용맹스런 장수였고 힘을 숭상하는 사람이었습니다. 성격이 급하고 행동이 과격했지만 의리 하나는 누구보다 뛰어났습니다.

자로는 다른 사람이 '당신은 이러이러한 잘못이 있다'고 알려 주면 '아이구, 감사합니다'하고 기뻐했습니다. 그리고 즉시 잘못을 고쳤다고 합니다. 자로는 누군가와 약속을 하면 어김없이 지켰고, 해 주기로 한 일은 머뭇거리는 법이 없었습니다. 그래서 자로는 '한마디 말로 옥사를 결정할 수 있다'고 사람들이 인정을 할 정도였지요. 옥사는 누구에게 죄가 있느냐를 따지는 매우 중요한 일입니다. 그런 중요한 판단을 자로가 한다면 누구나 믿는다는 것이죠. 자로가 사람들에게 얼마만큼 신뢰를 얻고 있는지를 잘 알려 줍니다.

두 번째는 우 임금입니다. 이 사람은 중국 하나라의 시조가 됩니다. 원래 중국 천하에서 가장 평화로웠다는 요순시대 순 임금의 신하였죠. 우는 순 임금의 명령으로 홍수를 다스렸습니다. 큰 강들이 자주 넘쳐 사람이 사는 마을과 농토를 망가뜨리자 물길을 잘 만들어서 범람으로 인한 피해를 없애 버린 것입니다. 이 공로로 순은 자식이 있었는데도 우에게 임금 자리를 물려줍니다.

홍수만 잘 다스린다고 임금 자리를 물려주지는 않았겠죠. 우는 누군가가 자기 삶을 변화시킬 만한 훌륭한 말을 들려 주면 그 사람 앞에 넙죽이 엎드려 절을 했습니다. 상대방이 아이거나 어른이거나 여자거나 남자거나 가리지를 않았습니다. 내 삶을 바른 길로 이끌어 준 것에 대한 존경을 표시할 뿐이었지요. 자기가 임금 신분이라는 건 전혀 신경 쓰지 않았습니다.

세 번째는 순 임금입니다. 순은 요 임금이 불러서 임금 자리를 물려주기 전에는 역산이란 시골에 살았습니다. 아버지인 고수는 포악한 사람이었고 친어머니는 일찍 죽고 새어머니에게 온갖 구박을 받으면서 살았습니다. 밭 갈고 질그릇 굽고 고기를 잡으면서 가난하게 살았죠. 그런 순이 잘하는 일은 '나를 버리고 다른 사람을 따르는' 것이었다고 맹자는 말합니다. 이것을 '사기종인舍己從人'이라고 하는데요, 이 인품 덕분에 임금 자리에 오를 수 있었다고 합니다.

순은 좋은 일이 있으면 자기 혼자 실천하는 데 끝나지 않고 꼭 다른 사람들과 함께 실천을 했습니다. 나의 좋은 일을 다른 사람이 함께 해주면 기쁨은 더욱 늘어납니다. 하지만 보통 사람들은 다른 사람의 슬픔과 기쁨을 진정으로 공감하질 못합니다. 오죽하면 '슬픔을 나누면 약점이 되고 기쁨을 나누면 질투를 부른다'고 하겠어요? 조선 시대 율곡 이이도 이런 말을 한 적이 있습니다.

"사람의 본성은 아무래도 '투현질능妬賢嫉能'인 것 같다."

'투현'은 다른 사람이 어진 것을 시기하는 것이고 '질능'은 다른 사람이 능력 있는 것을 미워하는 겁니다. 학교에서 잘난 체를 하면 왕따를 당한다는 말이 있습니다. 이 말을 곰곰이 생각해 보면 남의 잘난 것을 미워한다는 뜻이 포함되어 있음을 알 수 있지요. 잘난 사람은 가만히 있어도 잘났기 때문에 미워하고 싶은데 그걸 자랑까지 하면 참을 수가 없는 겁니다.

하지만 진정으로 공감하고 함께한다면 '슬픔은 나누면 절반이 되고 기쁨은 나누면 두 배가 된다'고 해야겠지요. 기쁨을 나눌 수 있는 사이. 다른 사람의 잘난 점을 정말 같이 기뻐해 주는 사람. 순 임금이 바로 그런 사람이었습니다. 당연히 순과 함께하면 슬픔은 줄어들고 기쁨은 늘어납니다.

진정으로 공감하는 사람이 되기 위해서 '나를 버리는' 일이 필요합니다. 순은 다른 사람이 자기보다 훌륭하다고 생각되면 곧바로 자기를 버리고 그 사람을 따랐다고 합니다. 단순히 따르기만 하지 않고 그 사람의 훌륭한 점을 받아들여 자기의 훌륭한 점으로 만들었죠. 그렇게 하는 행동을 인생의 가장 고귀한 즐거움으로 여겼다는 겁니다.

나만을 고집하는 사람은 다른 사람을 받아들이기 어렵습니다. 그

2부 · 차마보지 못하는 마음〈공손추〉

릇으로 비유해 볼까요? 내 마음이 세모난 그릇으로 고정되어 있으면 어떻게 될까요? 네모난 그릇을 가진 사람의 마음이 들어오면 내 마음과 충돌을 일으킵니다. 나는 세모를 고집하고 그 사람이 네모를 고집하면 누군가가 깨어지지 않으면 안 됩니다. 상대방이 세모가 되어 내 안으로 들어오지 않으면 나는 상대방을 밀어낼 수밖에 없습니다.

그런데 순은 세모를 만나면 세모가 되고 네모를 만나면 네모가 되고 원을 만나면 원이 될 수 있는 사람이었습니다. 마치 물과 같다고나 할까요? 물은 세모난 그릇에 들어가면 세모가 되고 네모난 그릇에 들어가면 네모가 됩니다. 그렇지만 물의 성질이 변하는 건 아닙니다. 물은 물 그대로 성질을 가지고 있으면서 세모도 되고 네모도 되는 것이지요.

그런데 물이 물의 성질을 잃어버리면 물이라고 할 수 없습니다. 이 것이 정말 중요합니다. 순은 자기의 근본 성질을 유지하면서도 상대방을 만나면 자기를 버릴 줄 알았던 것입니다. 고정관념이나 선입견을 갖지 않는 태도라고 할 수도 있겠네요. 나를 버리고 다른 사람을 따른다고 나의 정체성까지 버리라는 건 아닙니다. 줏대는 확실하게 세우고, 유연하게 다른 사람과 만나는 것입니다.

지금부터 가까운 과거에 해월 최시형1827-1898이란 분이 있었습니다. 동학의 2대 교주였는데요. 동학의 중심 사상은 '인내천人乃天'입니다. 사람이 곧 하늘이라는 말이지요. 동학에 따르면 남자도 여자도 어린이도 노인도 백인도 흑인도 다 하늘이지요. 그렇기 때문에 사람은 다 똑같이 평등할 수밖에 없습니다.

"아이를 때리는 것은 하늘님을 때리는 것이다!"

하고 최시형은 말했습니다. 최시형은 길거리에서도 어린이에게 엎드려 큰절을 했습니다. 물론 훌륭한 이야기를 들려 준 어린이에게 절을 한 것이지요. 어린이도 하늘님이니 절을 하는 건 조금도 이상할 게 없습니다. 어른은 아이를 마음대로 때릴 수 있다고 생각하던 당시 사회에 이것은 커다란 충격이었습니다. 동학의 중심사상에 따르면 신분제도가 있을 수 없고 남자가 여자보다 우월하지도 않습니다. 최시형 선생이 보여 준 행동이 바로 순 임금의 행동과 비슷하게 겹쳐집니다.

한 가지 더 중요한 것이 있습니다. 나를 버리고 다른 사람을 따른다는 건 '선을 함께 나눈다' 뜻임을 잊지 말아야 한다는 겁니다. 다른 사람의 악을 따르는 건 아니죠.

나를 버림으로써 상대방도 자기 고집을 버리게 할 수 있습니다. 서로가 서로를 받아들일 공간을 만드는 일, 이게 바로 나를 버리는 일입니다. 이것을 다르게 말한다면 너그러움이나 열린 마음이라고 해도 되겠지요.

大舜有大焉_{대순유대언}하니 善與人同_{선여인동}하고 舍己從人_{사기종인}하여 樂取於人以爲善_{락취어인이위선}하다.

위대한 순 임금은 참으로 큰 인물이다. 선한 것을 사람들과 더불어 함께 하며 나를 버리고 다른 사람을 따랐다. 다른 사람이 나보다 훌륭하다고 생각되는 점을 얻어서 나도 훌륭하게 되는 것을 큰 즐거움으로 삼았다.

감히 부탁은 못하지만 정말 소원이다

不敢請耳 固所願也 불감청이 고소원야

운동회를 하기로 한 날 비가 퍼부었습니다. 운동회는 연기되고 교실에서 공부를 합니다. 아이들은 들떠 있던 마음을 억누르고 공부를 하자니 집중이 되질 않습니다. 그때 한 녀석이 선생님에게 제안을 합니다.

"우리 영화 보면 어떨까요?"

선생님이 고개를 흔듭니다. 그러자 몇몇 아이들이 두 손을 모으고 외칩니다.

"제발!"

이 '제발!'이라는 외침 속에 들어 있는 마음은 무엇일까요? 그렇습니다. 이 마음이야말로 지금부터 이야기할 '불감청 고소원'입니다.

말로 드러내 놓고 부탁은 못하지만 마음속으로 절절하게 바란다는 뜻이 '불감청이언정 고소원'입니다. 이 말은 맹자가 제선왕과 헤어질 때 한 말이지요.

맹자와 제선왕은 깊은 우정을 나눈 사이입니다. 서로에게 지극하게 정성을 다하여 대접했죠. 그러나 칠 년 만에 두 사람은 헤어지게 됩니다. 이별의 출발점은 제나라가 연나라를 점령한 사건이었어요. 맹자는 제선왕이 어진 정치를 펴는 임금이 되기를 바랐습니다. 하지만 연나라를 친 것은 무력을 앞세우는 정치였습니다.

맹자는 하루빨리 연나라에서 제나라 군대를 철수시키라고 했습니다. 그러나 제선왕은 2년 동안이나 연나라를 점령하고 차일피일했죠. 맹자는 결국 제나라를 떠날 결심을 굳혔습니다. 맹자의 결심을 들은 제선왕이 그제 서야 맹자를 찾아옵니다. 제선왕은 슬픈 얼굴로 맹자에게 말했습니다.

"저는 젊어서부터 선생님 뵙기를 늘 바랐지만 꿈을 이룰 수 없었습니다. 그러다 겨우 선생님을 모시게 되어 얼마나 기뻤는지 모릅니다. 그런데 이제 저를 버리고 돌아가려 하십니다. 계속 모시고 있을 수는 없을까요?"

"감히 청하지는 못하지만 진정으로 그러기를 저도 바랍니다."

이 무슨 대화일까요? 맹자는 떠날 결심을 굳히고서는 왜 이런 말을 할까요? 겉과 속이 다른 사람인 걸까요? 마음속으론 떠나겠다는 결정을 내리고선 입으론 머물고 싶다고 말해도 되는 걸까요. 제선왕은 맹자의 말을 곧이곧대로 믿었는지 신하들에게 이런 명령을 내립니다.

"나는 나라 한가운데에 있는 큰 집을 맹자에게 주겠다. 그곳에서 제자들을 기르시도록 해마다 만 종의 곡식을 드리겠다. 아울러 제나라 모든 사람이 맹자를 공경하고 본받도록 하겠노라."

만 종은 현재 우리나라 단위로 바꾸면 쌀 6250가마니 정도 됩니다. 어마어마한 양이지요. 나라 한가운데에 큰 집을 주어 제자를 기르게 하겠다는 것은 '맹자학교'를 세워 주겠다는 말과 같습니다. 이 정도면 과연 제선왕이 맹자를 진심으로 붙잡고 싶다는 뜻이 있는 게 아닐까요? 그럼 맹자는 어떤 대답을 할까요? 참으로 궁금한데, 맹자는 심부름을 온 시자時者라는 사람에게 이렇게 말합니다.

"내가 만약 부자가 되고 싶었다면 십만 종을 사양하고 만 종을 받겠느냐."

제선왕의 제안을 받아들일 생각이 없음을 확실하게 표현한 말입니다. 제선왕이 주겠다는 만 종의 열 배를 줘도 사양하겠다는 뜻입니다. 사실 맹자는 위나라에서 십만 종을 주겠다는 제안을 받은 적이 있습니다. 그러나 위나라 양혜왕이 맹자를 등용할 생각이 없다고 하니까 곧바로 떠나 제나라로 온 것이었죠.

맹자는 이미 2년 전부터 제선왕이 주는 곡식을 받지 않고 있었어요. 자기의 생각을 받아들이지 않는 제선왕에게서 월급을 받을 수 없다는 것입니다. 맹자가 월급을 받지 않는 행동은 가장 강력한 방법이었지만 제선왕이 알아주지 않았던 것이지요. 무려 2년 동안이나 말입니다. 그래 놓고 이제 와서 나라 가운데에 맹자학교를 세워 준다거니, 만 종의 곡식을 주겠다느니 하는 말을 맹자는 믿을 수 없었던 것입니다.

제선왕의 제안은 오히려 맹자가 제나라를 떠날 결심을 확고하게 해 주었습니다. 제나라 수도 임치를 떠난 맹자는 '주'라는 땅에 도착해 사흘을 머물렀습니다. 이 소식이 전해지자 평소에 맹자를 흠모하던 윤사라는 사람이 말했습니다.

"정말 실망이다. 제선왕이 탕 임금이나 무왕처럼 훌륭한 임금이 될 수 없다는 걸 몰랐다면 맹자가 어리석은 것이고, 될 수 없는 걸 알고도 제나라에 왔다면 뭔가 혜택을 바라고 온 것이다. 천리 먼 길을 왔다가 제선왕과 의견이 안 맞아 그렇게 떠나게 되었다면 하루빨리 갈 것이지 뭣 때문에 주 땅에서 사흘씩이나 미적거리고 있는가?"

윤사의 말을 제자인 고자高子가 맹자에게 전했습니다. 맹자가 씁쓸하게 웃고 나서 말했습니다.

"나는 부득이해서 떠났을 뿐이다. 내 마음은 사흘간 머물렀다 가는 것도 너무 빠른 듯하구나. 제선왕은 내 오랜 친구다. 서로 마음을 다해 정을 나눴다. 또 제선왕은 탕 임금이나 무왕 같은 훌륭한 임금이 될 자질이 충분했다. 내 의견을 받아들이지 않은 것은 하늘의 운세가 닿지 않았을 뿐이다. 나는 지금도 제선왕이 나를 진심으로 불러 주기를 바란다. 사흘을 머물러도 제선왕이 찾아오지 않았기에 어쩔 수 없이 떠나는 것이다. 내 말을 듣지 않는다고 화를 발칵 내고 떠나는 것이 아니다. 내가 어찌 마음이 꽁해 낮 동안 종종걸음으로 달려가다가

2부 • 차마보지 못하는 마음〈공손추〉

밤이 되면 곯아떨어지는 소인배처럼 행동하겠느냐?"

맹자의 말을 전해들은 윤사는 맹자가 있는 쪽을 향해 큰 절을 올리고 나서 혼잣말을 했답니다.

"내가 참으로 소인배로구나."

맹자가 한 말을 들어 보면 맹자의 진심을 잘 알 수 있습니다. 제나라를 떠나고 싶어서 떠난 것이 아니라는 것을요. 아울러 제나라를 떠나면서도 제선왕의 자질에 대한 신뢰를 완전히 거두지 않았음을 알수 있습니다. '불감청이언정 고소원'이라는 맹자의 말은 간절한 바람이었던 것입니다. 하지만 끝내 제선왕은 주 땅으로 맹자를 찾아오지 않았고 신하를 보내 되돌아오기를 권하지도 않았습니다. 주 땅은 임치에서 한나절이면 갈 수 있는 거리였는데요.

육십이 넘은 맹자가 사흘을 기다리다 떠나는 쓸쓸한 뒷모습이 그려지시나요? 맹자는 그 뒤로 등나라를 거쳐 고향인 추 땅에 돌아와 제자들과 토론하며 책 『맹자』를 완성합니다. 우리는 살아가면서 '불감청 고소원'의 경우를 여러 번 경험합니다. 가끔 바람대로 될 때도 있지만 대부분 잘 되질 않죠. 어떻게 보면 그게 인생이기도 한 것 같습니다.

王就見孟子曰 왕취견맹자왈 前日願見而不可得 전일원견이불가득이더니 得侍同朝甚喜 득시동조심희라. 今又棄寡人而歸 금우기과인이귀하시니 不識 불식이나 可以繼此而得見乎 가이계차이득견호아? 對曰不敢請耳 대왈불감청이나 固所願也 고소원야로다.

제선왕이 맹자를 만나러 와서 말했다.

"지난날 늘 선생님을 뵙기를 바랐으나 통 모실 수가 없더니, 몇 턴 동안 함께 지내게 되어 몹시 기뻤습니다. 그런데 이제 저를 버리고 고향으로 돌아가신다니, 모르겠습니다. 지금처럼 모시고 함께 지낼 수는 없겠습니까?"

맹자가 대답했다.

"감히 부탁은 못하나 진말 제 소원도 그렇습니다."

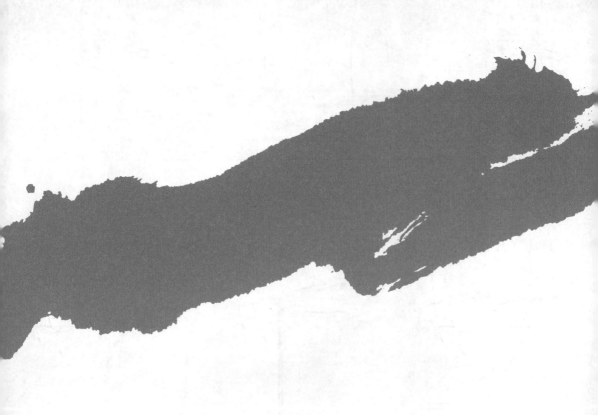

인간의 윤리를 밝히다

이런 사람을 대장부라 한다

한 달에 닭 한 마리 훔치기

한 달에 닭 한 마리 훔치기
〈등문공〉

인간의 윤리를 밝히다
明人倫 명인륜

    얼마 전에 '알파고'라는 바둑 두는 인공지능이 세계 최고수인 이세돌 9단을 이겼습니다. 그것 때문이 온 나라가 들끓었습니다. 인간보다 우수한 인공지능은 인간의 삶에 도움이 될 거라는 전망도 있지만 큰 재앙이 될 수도 있다는 거지요.

    그렇다면 도대체 인간이 인공지능보다 나은 것은 무엇인가? 하는 논의도 많았습니다. 이때 가장 중요하다고 의견이 모인 것이 '공감능력'이었습니다. 공감능력이 부족하면 대화가 잘 되지 않습니다. 여러분도 그런 경험이 있지 않나요? 자기 말만 하고 남의 말은 전혀 듣지 않는 그런 사람. 친구 중에도 있고 가족 중에도 있지요.

    2016년 5월, 어떤 기사에서 가슴 아픈 내용을 봤습니다. 전라남도 완도의 작은 섬 마을에 사는 어린이가 '어린이날'에 청와대로 초청받아 갔습니다. 어린이가 대통령에게 말했답니다.

"저는 로봇을 만들고 싶은데요. 우리 마을 가까운 곳에서는 배울 곳이 없어요."

대통령은 어린이가 사는 곳 가까운 곳에 도서관이나 과학관을 지어 준다거나 뭔가 실질적으로 아이에게 도움이 될 만한 이야기를 해 주겠거니 하고 주변에선 기대를 했습니다. 그런데 대통령의 대답은 이랬습니다.

"여수에 가면 창조경제혁신센터가 있어요. 좀 크거든 거기에 가 보세요. 아니 뭐, 학생 때 가도 좋고요. 여러분은 어른이 되어 나라를 위해 일하는 훌륭한 사람이 되길 바래요."

뜨악! 대통령은 도대체 무슨 말을 하고 있는 걸까요? 완도에서 여수까지는 자동차로도 2시간 30분이나 걸리는 곳입니다. 대통령은 자신이 하고 싶은 말만 하고 있었던 겁니다. 그야말로 공감능력이 '제로'에 가까운 것이지요.

이 공감능력은 다른 말로 하면 도덕성입니다. 도덕성은 인륜이라는 말과도 통합니다. 여러분은 '명륜당'이라고 들어 보셨나요? 서울의 성균관이나 지방의 향교에 있는 건물입니다. 아직 전국에 200여 곳이 남아 있습니다. 명륜明倫은 '인간의 윤리를 밝힌다'는 맹자의 말인 '명인륜'에서 사람 인人 자를 빼고 쓴 말입니다.

서울 성균관에 있는 명륜당은 조선 태조 이성계가 1398년에 세웠

습니다. 공자의 위패를 모신 대성전 북쪽에 있습니다. 명륜당은 성
균관 유생들이 공부하는 강학당과 잠을 자는 재실로 이루어집니다.
학교인 셈이지요. 제선왕이 나라 한가운데에 만들어 주겠다던 '맹자
학교'가 조선 시대 서울인 한양 한복판에 세워진 셈입니다.

그럼 맹자가 밝혀야 한다는 인륜이란 무엇일까요? 인륜을 글자 그
대로 해석하면 '인간의 윤리' 또는 '인간이 갖춰야 할 순서'가 됩니다.
공자는 이런 말을 한 적이 있습니다.

"음악은 천지의 조화이며 예는 천지의 질서다."

인간이 갖춰야 할 순서란 인간이 마련하는 질서와 같은 뜻입니다.
그렇다면 윤리는 예와 관련이 있는 것 같군요. 공자는 또 이런 말도
했습니다.

"예가 없으면 사람으로 설 수가 없다."

한마디로 무례한 사람은 인간도 아니라는 말입니다. 마찬가지로
맹자의 생각에 따르면 인륜이 없는 사람은 인간이 아니라는 뜻이 되
겠군요.

이제 맹자가 말하는 인륜이 무엇인지 보도록 하지요. 진상이라고
하는 사람과 나눈 대화에 이렇게 등장합니다.

"인간이란 배불리 먹고 옷을 따스하게 입으며 편하게 살면서 사람
됨의 도덕교육을 받지 못하면 곧 짐승과 다를 바 없다. 그래서 순 임
금이 '설'이라는 신하에 명하여 사람됨의 도리를 가르치게 하였다.
그러자 아버지와 아들은 친하게 되고, 임금과 신하는 정의를 나누고,

남편과 아내는 각자 하는 일을 구분하고, 어른과 아이는 차례를 갖게 되고, 벗과 벗은 서로 믿게 되었다."

맹자가 말하는 인륜은 다섯 가지입니다. 혹시 외우고 있나요? 예전에는 학교에서 이 다섯 가지를 외우게 한 적도 있습니다. '부자유친, 군신유의, 부부유별, 장유유서, 붕우유신' 하고 외웠죠. 아버지와 아들, 임금과 신하, 남편과 아내, 어른과 아이, 벗과 벗은 우리 인간 사회의 중요한 관계를 총망라했습니다. 맹자는 각각의 관계를 조화롭게 만들어 주는 고리들을 하나씩 배치했습니다. 그 고리는 친親, 의義, 별別, 서序, 신信입니다. '친'은 사랑하다, 가까이 지내다, 사이가 좋다, 화목하다 등으로 해석합니다. '의'는 옳다, 바르다 등입니다. '별'은 나누다, 구분하다, 분별하다 등입니다. '서'는 차례, 순서, 질서를 만들다 등입니다. '신'은 믿다, 진실, 약속을 지키다 등입니다.

이 고리들이 사라지면 어떻게 될까요? 당연히 고리로 연결되는 관계가 힘들어지겠지요. 아버지와 아들이 서로 사랑하고 아껴 주는 고리가 빠지면 티격태격 원망하고 싸우는 관계가 되어 버릴 수도 있습니다. 임금과 신하는 의로 연결됩니다. 그래서 의로움이 사라진 군신관계는 아무런 의미를 갖지 못합니다.

부부는 어떻습니까? 남자와 여자가 할 일을 두부모 자르듯이 딱딱 잘라서 나눠야 할까요? 남자는 바깥일을 하고 여자는 집안일을 해야만 합니까? 이건 뭔가 문제가 있어 보입니다. 예전엔 부부유별의 '별'을 차별로 보는 경우가 많았습니다. 남자는 귀하고 여자는 천하다고 하거나 여자는 남자가 시키는 대로 해야 한다거나 하는 논리가 있었습니다.

그런데 그건 잘못 해석한 것으로 봐야 합니다. 부부유별의 '별'은 차별이 아니라 차이입니다. 남자와 여자는 각각의 장점과 단점이 있습니다. 남자가 여자의 장점을 갖지 못하듯이 여자도 남자의 장점을 갖지 못합니다. 그래서 서로 도와가며 살아야 하는 것이죠. 남자는 육체적으로 힘이 세지만 여자는 부드러운 영혼의 힘이 셉니다.

다음은 어른과 아이의 차례입니다. 우주가 처음 생겼을 때를 우리는 혼돈, 곧 카오스라고 합니다. 여기에 땅이 생기고 초목이 생기고 동물이 생겨나면서 차츰 생명이 살아가는 질서가 생기는데 이것을 코스모스라고 합니다. 어른과 아이의 차례는 사회의 인간관계에 질서를 잡아 주는 일입니다. 질서가 있으면 생명들이 좀 더 조화롭게 삶을 사는 데 도움이 될 것 같군요. 물론 여기서의 차례는 꼭 어른이 먼저라는 건 아닙니다. 때와 장소, 대상에 따라서 아이가 먼저이기도 합니다. 모든 상황에서 어른이 먼저라는 건 억압입니다.

마지막으로 벗과 벗의 믿음입니다. 신信이라는 글자는 사람과 말의 결합입니다. 사람이 말을 했으면 꼭 실천하라는 것이죠. 자기가 한 말을 지키지 않으면 사람이 아니다, 뭐 이렇게 볼 수도 있겠군요. 그러니까 자기가 한 말을 꼭 지키는 사람, 바로 그 사람이 '신'이 있는 사람입니다. "그 사람은 자기가 한 말은 꼭 지키더라." 이런 평가를 받는다면 정말 대단하겠죠? 여러분 주변에 그런 친구가 있나요?

맹자의 이 다섯 가지 인륜은 뒤에 오륜五倫이란 말로 유명해졌습니다. 중국 명나라 선종 임금 때 편찬한 『오륜서』라는 책에서 이 다섯 가지 인륜을 다루었습니다. 이 책이 일반 사람들에게 널리 퍼지면서 '오륜'이란 이름으로 정착된 것이지요.

맹자가 말하는 '인륜을 밝힌다'는 명륜을 따온 집, 명륜당을 서울 한복판에 지은 것으로 보면 역시 조선은 '맹자의 나라'라는 말이 어울리는 것 같습니다.

人之有道也_{인지유도야}하니 飽食煖衣_{포식난의}하며 逸居而無敎_{일거이무교}면 則近於禽獸_{즉근어금수}라. 聖人有憂之_{성인유우지}하여 使契爲司徒_{사설위사도}하여 敎以人倫_{교이인륜}하니 父子有親_{부자유친}하며 君臣有義_{군신유의}하며 夫婦有別_{부부유별}하며 長幼有序_{장유유서}하며 朋友有信_{붕우유신}이라.

사람에게는 마땅히 걸어야 할 길이 있는데 배불리 먹고 따뜻한 옷을 입으며 편안한 집에서 살아도 가르침을 받지 않으면 짐승과 다를 바 없다. 성인이 이를 근심하여 '설'을 교육 담당자인 사도로 삼아 인륜을 가르치게 하였다. 아버지와 아들은 서로 사랑함이 있고, 임금과 신하는 의로움이 있고, 남편과 아내는 분별이 있으며, 어른과 아이는 차례가 있고, 벗과 벗은 서로 믿음이 있다.

이런 사람을 대장부라 한다
此之謂大丈夫 차지위대장부

어떤 학교 선생님이 이렇게 한탄하는 소리를 들었습니다.

"요즘 애들은 졸장부가 너무 많아."

"아니, 왜요?"

내가 궁금해서 물었습니다.

"이기적이고, 용서할 줄 모르고, 변명하고, 남 탓하고, 잘난 체하고……."

선생님의 한탄이 끝도 없이 이어질 것 같아서 내가 말을 잘랐습니다.

"그게 아이들만의 잘못일까요? 사회가 그런 건 아닐까요?"

"그, 그건 그렇겠지요."

선생님이 내 말에 동의했습니다. 맞습니다. 아이들이 졸장부라면 아이들을 그렇게 만든 어른들이 졸장부들이라는 말과 통합니다. 졸장부의 상대편에 대장부가 있습니다. 그렇다면 과연 대장부는 어떤 사람일까요.

맹자가 등나라에 있을 때입니다. 세상을 떠돌아다니던 경춘이란 사람이 맹자를 찾아왔습니다. 경춘은 공손연과 장의를 몹시 존경했습니다. 공손연과 장의는 위, 조, 한, 연, 초 다섯 나라의 연합 재상을 지낸 인물입니다. 또 둘 다 서쪽의 막강한 나라인 진나라 재상을 지내기도 했죠. 경춘이 맹자에게 말합니다.

"공손연과 장의는 천하에 둘도 없는 대장부겠지요? 그들이 한 번 성을 내면 모든 제후들이 두려워하고, 그들이 가만히 있으면 세상이 편안한 숨을 쉬었습니다."

맹자가 고개를 흔들었습니다.

"그들은 대장부라 할 수 없소. 권력자에 기생한 자들일 뿐이오."

경춘이 깜짝 놀라서 눈을 둥그렇게 떴습니다.

"어째서 그렇습니까? 참으로 궁금합니다."

"대장부에게는 세 가지가 필요합니다. 넓은 집과 바른 자리 그리고 커다란 길입니다."

"좀 더 자세히 말씀해 주시겠습니까?"

"세상 천하를 다 내 집으로 여기니 넓은 집이지요. 세상 어떤 사람에게도 아부하거나 휘둘리지 않으니 확고한 독립자로서 자리를 갖습니다. 좁은 길 어두운 길 지름길로 다니지 않고 공명정대하고 당당한 길로 다니니 대장부의 길은 넓고도 큽니다."

"그렇다면 더더욱 공손연과 장의는 대장부가 아니겠습니까? 중국 천하를 다 호령했으니 말입니다."

"아닙니다. 그들은 다음과 같은 조건들을 갖추지 못했소. 대장부는 말이오. 부유하고 귀한 자리에 있어도 교만하거나 타락하지 않고, 가난하고 천한 자리에 있어도 뜻을 바꾸거나 아첨하지 않으며, 더없이 강력한 위력 앞에서도 굴복하거나 좌절하지 않습니다. 공손연과 장의는 부귀와 명예를 얻으려는 탐욕을 부렸으니 소장부에 지나지 않아요."

경춘은 더 할 말이 없어 입을 다물었습니다. 맹자의 논리에 압도당하고 만 것이지요. 무려 다섯 나라의 재상이 되었으니 길거리 어린아이들도 공손연과 장의의 이름을 다 알았습니다. 그런 사람들이 소장부에 불과하다면 맹자는 과연 누구를 대장부로 봤을까요?

맹자가 주장하는 대장부의 조건들을 살펴봅시다. 크게 두 부분으로 나눌 수 있지요. 한 부분은 대장부의 기질이고 한 부분은 대장부가 구체적으로 살아가는 모습입니다. 대장부 기질을 맹자는 세 가지로 요약합니다. 넓은 집, 바른 자리, 큰 길이 그것입니다. '넓고 바르고 크다'라고 할 수 있습니다. 넓으니 끌어안을 품이 넓습니다. 바르니 신뢰가 가고 공명정대합니다. 작은 길에 매여 근심걱정하고 우울해 하지 않습니다.

다음은 대장부의 구체적인 삶의 모습입니다. 대장부는 부귀와 빈

3부 · 한 달에 닭 한 마리 훔치기 〈등문공〉

천에 휘둘리지 않는다고 맹자는 말합니다. 현대 자본주의 세상을 살아가는 지금, 우리는 대장부가 되기 무척 어려운 것 같습니다. 자본이 없으면 인간다운 삶을 누리기 쉽지 않으니까요. 자본주의 세상에선 부자가 모든 것을 차지합니다. 마치 부자가 '넓고 바르고 큰' 것처럼 보입니다. 따라서 현대사회에서는 맹자가 말하는 대장부가 되기엔 더욱 힘이 듭니다. 누가 과연 자본에 무관심할 수 있겠어요.

또 하나 중요한 대장부의 삶의 모습은 위력에 굴복하지 않는 것입니다. 이것도 정말 쉽지 않습니다. '스톡홀름 증후군'이란 것이 있습니다. 1973년 8월 23일, 스톡홀름의 한 은행에서 인질극이 있었어요. 28일까지 6일 동안 범인들에게 잡혀 있던 인질들은 풀려난 뒤, 경찰에게 적극적으로 범인을 변호했습니다. 자기 생명을 위협한 범인들을 증오하지 않고 오히려 도와주려는 태도를 보인 것입니다. 인질들의 이 이상한 태도를 한 신문기자가 '스톡홀름 증후군'이라고 이름을 붙였지요.

이런 사례는 많습니다. 어떤 소녀는 정신 이상자에게 납치되어 일년 동안 아내가 되어 생활했습니다. 처음엔 강요를 당했지만 나중엔 자유롭게 되었는데도 납치범을 떠나지 않고 같이 생활을 했습니다. 강력한 위력에 철저하게 굴복당한 모습입니다. 그러나 미국 연방경찰국FBI에 따르면 95% 이상 인질은 스톡홀름 증후군을 보이지 않는다고 합니다. 위력에 완전히 굴복당하는 경우는 아주 적은 수치라는 것이죠. 공자도 이런 말을 합니다.

"수만 명 대군을 이끄는 총사령관 목숨을 뺏을 수는 있어도 평범한 한 사람 뜻을 빼앗기는 어렵다."

- 『논어』, 자한-25장

한 사람이 가지고 있는 뜻을 굴복시키기가 얼마나 어려운가 하는 것을 잘 말해 주는 명언입니다. 사실이 그렇지 않습니까? 겉으로는 폭력에 항복하는 것처럼 보이지만 속으로는 이를 갈잖아요. 한 사람의 마음을 얻는 일은 정말 어려운 일입니다. 그만큼 인간은 누구나 쉽게 빼앗기지 않는 강력한 '심지'를 갖고 태어난다는 겁니다. 이 말은 인간은 누구나 다 대장부가 될 기질을 갖고 있다는 뜻과도 같습니다.

그렇지만 우리는 또 쉽게 휘둘립니다. 돈에 휘둘리고 힘 앞에 굴복당합니다. 이렇게 휘둘리는 사람을 맹자는 '소장부' 또는 '천장부'라고 부릅니다. 소장부는 소인배라는 말과 같고 천장부의 '천'은 비루하다, 비굴하다, 천하다, 더럽다 등의 뜻을 갖고 있습니다. 장부는 그냥 남자라는 뜻입니다. 대장부가 될지 천장부가 될지는 다 나에게 달린 일입니다. 누가 하라고 해서 되는 일이 아니죠.

居天下之廣居거천하지광거하고 立天下之正位입천하지정위하며 行天下之大道행천하지대도하여 得志득지면 與民由之여민유지하고 不得志부득지면 獨行其道독행기도라. 富貴不能淫부귀불능음하고 貧賤不能移빈천불능이하며 威武不能屈위무불능굴이라야 此之謂大丈夫차지위대장부라.

천하의 넓은 집에 살고 천하의 바른 자리에 서며 천하의 큰 길로 걸어, 뜻을 얻으면 사람들과 함께 하고 뜻을 얻지 못하면 홀로 자기 길을 간다. 부귀도 타락시키지 못하고 가난하고 천한 자리에 있어도 아첨함이 없으며 어떤 위력에도 굴복하지 않는, 이런 사람을 대장부라 한다.

한 달에 닭 한 마리 훔치기

月攘一鷄 월양일계

세 살 버릇 여든까지 간다는 말이 있습니다. 한번 버릇으로 정착이 되면 고치기가 거의 불가능하다는 말과 같습니다. 부모와 자녀, 선생님과 학생 사이에 다툼이 많은 건 무엇일까요? 휴대폰이나 컴퓨터를 많이 하는 것도 그 중 하나일 겁니다.

"제발 좀 그만해."

컴퓨터 게임을 두 시간이나 하고 있는 아들에게 엄마가 말합니다.

"삼십 분만 더 하고."

아들은 '조금만 더'를 외칩니다. 엄마와 아들 사이에 벌어진 신경전에서 아들이 승리하면 어떻게 될까요. 아들은 날마다 두 시간 반이넘게 컴퓨터 게임을 즐기는 습관이 생길 수도 있습니다. 컴퓨터 게임이 나쁜 것만은 아니죠. 그러나 다른 할 일조차 못하고 게임에 시간을 많이 쓴다면 분명 문제가 있습니다.

맹자 시대에도 나쁜 습관을 금방 고치지 못하는 사람이 있었답니다. 그 이야기를 해 볼게요.

맹자는 백성들의 평화로운 삶을 위하여 정전법을 주장했습니다. 정전법이란 '우물 정井' 자처럼 땅을 나눠서 경작하는 걸 말합니다. '井정'이란 글자를 보세요. 모두 아홉 개로 공간이 나눠지죠? 한 공간을 약 만 평정도 크기로 만들어 여덟 명의 농부가 하나씩 갖습니다. 그리고 한 가운데 있는 만 평은 여덟 농부가 함께 경작하여 나라에 세금으로 냅니다. 세금으로 내는 가운데 공간을 공전公田이라고 부릅니다. 이에 비해 각 농부들이 갖는 공간은 사전私田이라 불렀죠.

그런데 맹자가 살던 시대에 임금들은 세금을 더 많이 거뒀습니다. 공전의 수확물을 가져가는 것은 물론이고 각각의 농부들 소유인 사전에서 나는 수확물에서도 10분의 1을 가져갔습니다. 맹자는 사전의 수확물에 매기는 세금을 당장 중지해야 한다고 주장합니다. 맹자가 송나라에 있을 때였습니다. 송나라는 정전법을 어기고 있을 뿐 아니라 시장의 물품세도 지나치게 높았습니다. 맹자는 대영지라는 송나라 수상을 만난 자리에서 말했습니다.

"사전에 매기는 세금은 당장 중지하고 물품세는 10분의 1로 줄여야 합니다."

대영지가 대답합니다.

"말씀하시는 내용이 옳기는 하지만 당장 시행하긴 어렵습니다. 올해는 조금만 줄이고 앞으로 차차 사정을 봐 가면서 해 나가는 것이 좋겠습니다."

"허허 참, 안타깝군요. 내가 예를 하나 들어 보겠소. 여기 날마다 이웃집의 닭을 한 마리씩 훔치는 사람이 있다고 합시다. 누군가 그 사람에게 '이보게, 도적질은 군자가 할 일이 아니네.'하고 충고를 하자 그 사람이 대답합니다. '알았네. 그럼 내가 도둑질하는 수를 줄여 보지. 한 달에 한 마리씩만 훔치고 천천히 사정을 봐 가면서 훔치는 일을 그만두도록 함세.' 자, 어떻습니까?"

대영지가 잠깐 생각하다가 말했습니다.

"도둑질 당하는 닭이 많이 줄었으니 이웃집으로 봐서는 괜찮은 것 아닙니까?"

"아니오. 결코 그렇지 않소. 도둑질이 의롭지 않다는 걸 알았으면 당장 그만둬야 하오. 어찌 천천히 그만둔단 말이오."

맹자의 말은 여러 가지를 생각하게 합니다. 흡연자가 금연하는 일을 생각해 봅시다. 새해가 되면 금연을 하겠다고 각오를 다지지요. 그런데 공교롭게도 새해가 되었는데 연말에 사 놓은 담배가 아직 몇 갑 남았습니다. 그러면 어떻게 될까요? 이렇게 선언합니다.

"돈 아까우니까 남은 것만 다 피우고 끊겠다!"

남은 담배를 다 피우고 그 사람은 과연 금연에 성공했을까요? 실패할 확률이 훨씬 높습니다. 정말 금연을 하려면 벼락이 치듯이 단번에

끊어야 합니다. 끊고 인내해야 합니다. 천천히 조금씩 줄여 보겠다는 건 금연을 하지 않겠다는 말과 다름없습니다. 여기 대영지의 말이 꼭 그렇습니다. 공자는 제자들에게 이렇게 말합니다.

다른 사람의 선한 행위를 보면 나도 그렇게 되기를 애쓰고, 나나 다른 사람의 불선을 보면 마치 끓는 물에 손을 넣은 듯해야 한다.

　　　　　　　　　　　　　　　　　　　- 『논어』, 16편

끓는 물에 손이 들어가면 어떻게 되나요? 번개보다 빠르게 손을 뺍니다. 착하지 않은 일에는 그렇게 하라는 것입니다. 사람이 살다 보면 가끔 나쁜 일에 엮일 때가 있습니다. 다만 나쁜 일이라는 것을 인식했다면 재빨리 그만둬야 합니다.

물론 모든 일이 다 그런 것은 아니죠. 밥을 짓는 일은 뜸을 들여야 합니다. 충분히 뜸을 들이지 않으면 밥이 설어서 맛이 덜합니다. 큰 그릇은 천천히 늦게 완성된다고 하죠. 사람도 그렇습니다. 실패도 하고 길을 돌아가기도 하면서 속이 꽉 찬 단단한 알맹이를 품게 됩니다. 나쁜 일인 것을 알았다면 재빨리 그만두는 일도 그렇습니다. 한 번 실패가 있었으나 빨리 고치면 되는 것이죠.

하지만 "천천히, 나중에"라고 하는 말은 변명입니다. 공자의 이름난 제자인 자하는 이런 말을 합니다.

소인은 잘못이 있으면 꼭 변명을 한다.

- 『논어』, 19편

잘못은 변명을 한다고 없어지거나 줄어들지 않습니다. 그런데도 대부분 남 탓을 하거나 자기 잘못이 아닌 것처럼 꾸미려고 합니다. 때로는 대영지처럼 논리적으로 합리화를 하려고 합니다. 이렇게 해서는 문제가 해결되지 않습니다.

공산당을 이끌며 인민공화국을 세운 마오쩌둥1893~1976은 벼락같은 한마디로 중국 대륙을 통일했습니다.

"땅은 농사 짓는 농민에게!"

다른 말이 뭐가 필요합니까. 당시 농부가 농사를 지어도 생산물은 귀족들이 다 가져갔습니다. 농사를 짓지 않는 사람들이 땅을 소유했기 때문이지요.

생산물을 직접 생산하는 사람이 가져야 한다는 건 틀림없는 진실입니다. 여기에 천천히, 나중에 조금씩 땅을 돌려 주겠다고 농부들에게 말해 보세요. 농부들은 그저 고개를 갸웃갸웃하고 말뿐이죠. 나쁜 일은 끓는 물에 손을 넣은 듯이, 벼락이 치듯이 끊어 버려야 한다는 걸 잘 보여 줍니다.

孟子曰_{맹자왈} 今有人_{금유인}이 日攘其隣之鷄者_{일양기인지계자}라. 或
告之曰_{혹고지왈} 是非君子之道_{시비군자지도}라 하니 日請損之_{왈청손지}
하여 月攘一鷄_{월양일계}하다가 以待來年然後已_{이대내년연후이}하노
라. 如知其非義_{여지기비의}이면 斯速已矣_{사속이의}라. 何待來年_{하대내}
년이리오.

맹자가 말했다.

"지금 날마다 이웃집의 닭을 훔치는 사람이 있다고 칩시다. 어떤 사람이
그에게 '이는 군자의 도리가 아니다'라고 충고하자 그가 대답합니다. '좋
소. 내가 줄여서 한 달에 닭 한 마리씩만 훔치겠소. 그러다 내년쯤 되면
도둑질을 그만두지요.' 만일 의롭지 않다는 걸 알았다면 속히 그만둘 일
이지, 어찌 내년이 되기를 기다린단 말이오."

내 몸이 바르면 세상 사람이 모두 내게로 온다

자포자기

자식은 바꿔서 가르쳐라

사람은 해서는 안 되는 것이 있음을 안 뒤에 뭔가를 할 수 있다

내 몸이 바르면

〈이루〉

내 몸이 바르면
세상 사람이 모두 내게로 온다
其身正而天下歸之 기신정이천하귀지

친구 때문에 괴로워하는 한 아이가 있습니다. 그 아이는 이렇게 말합니다.

"나는 정말 잘해 줬어요. 생일 때면 누구보다 더 좋은 선물을 줬고요. 그 아이가 힘들 때도 꼭 옆에 있었어요. 나는 내가 할 수 있는 정성을 다해서 그 친구를 사랑한다고요. 그런데도 그 친구는 저에게 잘해 주지 않아요. 도대체 왜 그러는 걸까요?"

정말 안타까운 일입니다. 이 아이에게 뭐라고 말해 줘야 하나요?

맹자는 사람의 삶에는 이런 일이 많다고 진단합니다. 맹자의 말을 들어 보죠.

내가 다른 사람을 아무리 사랑해도 친해지지 않는 경우가 있다.

> 내가 예의를 극진하게 차렸는데도 아무런 응답이 없는 경우가 있다. 내가 정성을 다해 열심히 일을 했는데도 기대한 만큼 얻어지는 게 없는 경우도 있다.

참 씁쓸한 경우들입니다. 그렇습니다. 세상을 살다 보면 뜻밖의 욕을 먹는 경우도 생깁니다. 물론 생각지도 못한 행운을 얻거나 칭찬을 받기도 합니다만. 그렇다면 왜 사랑하고, 예의 바르고, 정성을 다했는데도 좋은 결과가 없는 걸까요? 역시 맹자는 답변을 준비해 뒀습니다. 이렇게 말이지요.

> 사랑해도 친해지지 않으면 '인'이 부족한 것이고, 극진한 예의에도 보답이 없으면 '공경'이 부족한 것이며, 정성을 다했는데도 소득이 없다면 '지혜'가 부족한 것이다.

어떻습니까? 답이 될까요? 맹자는 다 뭔가가 조금씩 부족하다고 말합니다. 나는 내가 할 수 있는 만큼 다했다고 생각하지만 상대방이 느끼기엔 그렇지 않을 수 있습니다. 그러니 내가 생각한 만큼 응답이 없다면 상대방을 탓할 것이 아니라 나 자신을 돌아봐야 합니다.

한 가지 이야기를 해 보겠습니다. 공자 제자 중에 효자로 이름난 민자건이란 사람이 있습니다. 민자건의 어린 시절 이야기입니다. 민자건은 친어머니가 일찍 돌아가셔서 아버지가 새 장가를 갔습니다.

새어머니는 민자건보다 어린 두 아들을 데리고 왔습니다. 민자건에게 이복동생 둘이 생긴 것이지요.

슬프게도 새어머니는 민자건을 몹시 구박했습니다. 한겨울 세상이 꽁꽁 얼어붙은 날에도 민자건에겐 홑겹의 옷을 입혔습니다. 이복동생들에겐 솜을 넣은 두툼한 옷을 입혔는데 말이죠. 밖에 외출했다 돌아 온 민자건의 아버지가 우연히 그 상황을 알게 되었습니다. 아버지가 화가 나서 아내에게 소리쳤습니다.

"내가 당신을 맞아들인 건 아이가 어미 없이 자라는 게 불쌍해서요. 아이를 잘 돌보기를 바랐건만 이게 뭐하는 짓이오? 당장 나가시오."

갈 곳이 없는 새어머니는 아버지에게 눈물을 흘리며 빌었습니다. 그러나 화가 치솟은 아버지는 나가라고 소리소리 질렀습니다. 이때 민자건이 아버지 앞에 무릎을 꿇고 이렇게 말했습니다.

"아버님. 어머니를 쫓아내지 마십시오. 어머니가 계시면 한 아이만 춥습니다. 그런데 어머니가 쫓겨나면 세 아이가 춥습니다."

재산이 하나도 없는 새어머니는 한겨울에 쫓겨나면 추위에 떨고 굶주리겠지요. 이복동생들도 마찬가지고요. 그런데 민자건은 왜 세 아이가 춥다고 했을까요? 구박하는 새어머니라도 없으면 민자건 자신도 마음이 춥다는 뜻일까요? 어쨌든 민자건의 말은 참 감동적입니다. 새어머니가 아무리 악한 심성을 가진 사람이라 하더라도 놀라지 않을 수 없지요.

민자건은 이런 마음으로 아버지는 물론이고 새어머니도 잘 모셨다고 합니다. 그래서 공자는 다른 제자들에게 이런 말을 합니다.

민자건은 지극한 효자라 할 수 있다. 사람들은 민자건의 부모와 형제가 효자라고 칭찬하는 말을 그대로 인정하더구나.

— 『논어』, 11편

사실 부모 형제에게 인정을 받는 일은 쉽지 않습니다. 한번 생각을 해 보세요. 우리 형제 중에 정말 '지극한 효자'라고 인정할 사람으로 누가 생각나는지. 부모 형제는 흠이 있어도 감싸 주기 때문에 사람들은 부모형제의 평가를 잘 믿지 않습니다. 하지만 사람들은 민자건의 부모 형제가 민자건이 효자라고 하는 말을 그대로 인정한다는 것입니다.

이건 대단합니다. 민자건처럼 인정을 받는다면 민자건의 말은 큰 무게를 갖게 됩니다. 민자건을 믿고 따르는 사람이 많아지겠지요. 그래서 맹자는 내 몸이 바르면 세상 사람이 다 내게로 온다고 까지 말합니다. 인이 부족하면 사랑을 더 하고 공경이 부족하면 더욱 정성 스럽게 하고 지혜가 부족하면 더 열심히 배우라는 거죠.

맹자가 마음 속 스승으로 받들었던 공자도 이렇게 말합니다. '윗사 람의 몸가짐이 바르면 명령을 하지 않아도 사람들이 실천한다. 하지 만 몸가짐이 바르지 않으며 명령을 해도 따르지 않는다.'고 했습니다. 결국 나 자신을 되돌아보라는 말이군요. 사랑을 해도 친해지지 않는다면 내 사랑의 어떤 부분이 잘못 되었나 살펴봐야겠지요.

문제의 원인을 남에게서 찾지 않고 나에게서 먼저 찾아보는 일은 참 중요합니다. 자기 스스로 내면을 돌아보아 전혀 허물이 없다면 정말 당당할 수 있습니다. 근심할 것도 두려워할 것도 없지요. 친구 때문에 괴로워하는 아이에게도 이렇게 말해 주면 어떨까요? 내가 조금도 부족하지 않다는 판단이 정확하다면 다른 친구가 나와 친해지지 않아도 걱정할 필요 없다고요. 그것은 이제 그 친구의 문제이니까요. 그리고 나는 다른 친구와 사귀면 됩니다.

孟子曰_{맹자왈} 愛人不親_{애인불친}이면 反其仁_{반기인}하고 治人不治_{치인불치}면 反其智_{반기지}하고 禮人不答_{예인부답}이면 反其敬_{반기경}하라. 行有不得者_{행유부득자}면 皆反求諸己_{개반구저기}이니 其身正而天下歸之_{기신정이천하귀지}니라.

맹자가 말했다.

"사람을 사랑해도 친해지지 않으면 나의 인을 반성하고, 사람을 다스려도 다스려지지 않으면 나의 지혜를 반성하고, 사람을 예로 대접해도 응답이 없으면 나의 공경을 반성하라. 열심히 실천해도 소득이 없으면 다 나에게 되돌려 구하라. 내 몸이 바르면 세상 사람들이 다 내게로 돌아오리라."

자포자기
自暴自棄 자포자기

중국 천하를 놓고 여러 제후국이 다투던 시대를 전국시대라고 합니다. 서쪽에 위치한 진나라가 가장 막강했지요. 이에 맞서 북쪽의 연나라, 동쪽의 제나라, 남쪽의 초나라와 중원의 한, 위, 조 이렇게 6국이 연합하여 대적했습니다. 이를 합종책이라 하는데 진나라는 이 것을 깨뜨리기 위해 6국과 한 나라씩 국교를 터는 연횡책을 폈습니다. 가로와 세로로 나라들이 어지럽게 연합하고 부서지고 서로 이간질을 하는 극도로 혼란하던 시대였습니다.

모든 나라가 영토 확장과 백성 숫자 늘리기에 골몰했죠. 신무기를 개발하고 병법을 장려했으며 백성들은 형벌로 위협했습니다. 그 혼란의 용광로 속에서 '인의'를 외치며 천하를 돌아다니는 사상가가 나타났습니다. 함께 다니는 사람만도 삼백여 명이었어요. 그 사람이

바로 맹자입니다. 중원의 패자였으나 진나라에 밀려 동쪽으로 수도를 옮긴 위나라의 혜왕과 동쪽 산동반도의 대국인 제나라의 선왕이 맹자를 환대했습니다.

맹자는 창칼이 압도적이던 시대에 평화를 외치며 다녔습니다. 마치 군비 경쟁에 몰두하고 있는 미국, 일본, 중국, 북한을 찾아다니며 무기를 내려놓으라고 말하는 것과 같습니다. 일본의 사상가인 가라타니 고진이 비슷한 말을 한 적이 있습니다.

한 나라가 국방을 방기하는 것 자체가 세계 영원 평화의 출발이 됩니다.

예를 들어 일본이 수십 조에 이르는 국방비를 쓰지 않으면 국방을 방기하는 것이죠. 일본은 국방을 방기했으므로 무기 자체가 없습니다. 따라서 다른 나라가 비무장 국가인 일본을 침략하는 건 비도덕적입니다. 일본의 위협이 사라졌으므로 북한도 국방을 방기합니다. 자연스럽게 중국도 국방을 방기합니다. 이런 식으로 지구 전체의 국가가 국방을 방기합니다. 마침내 지구상의 무기는 모두 사라지고 세계의 영원 평화가 찾아옵니다. 가라타니 고진은 현대의 맹자가 아닌가 하는 생각이 듭니다.

맹자는 당시 권력자들을 향해 자포자기를 말했습니다. 맹자의 말을 직접 들어 보지요.

자포自暴자는 더불어 말하기 어렵다. 자기自棄자는 함께 뭔가를 할 수가 없다. 말만 하면 '예의'를 비난하는 사람을 자포자라 하고 '나는 인에 살지도 못하고 정의의 길을 갈 수 없다'고 하는 사람을 자기자라 한다. '인'이란 사람에게 가장 편안한 집이며 '의'는 사람이 걸어갈 가장 바른 길이다. 그런데 사람들은 편안한 집을 비워 두고 살지 않으며 바른 길을 버리고 걷지 않는다. 이 얼마나 슬픈 일인가!"

자포자는 자기 스스로에게 폭력을 휘두르는 사람입니다. 내가 내 동생을 함부로 하고 때리면 다른 사람도 내 동생을 함부로 대하지요. 한 나라가 망할 때에도 내전이 먼저 일어납니다. 현재 대한민국은 남북한이 극한 긴장관계에 있습니다. 내전이 또 일어날 수도 있습니다. 남북이 서로를 살상할 군비 경쟁을 벌이는 것은 자포자의 전형적인 모습입니다. 자포자들끼리는 대화가 안 됩니다. 남북의 모든 대화채널이 끊어진 까닭을 여기서 알 수 있지요.

자포자는 자기자를 부릅니다. 편안한 집인 '인'과 사람다운 길인 '의'를 버리는 사람이 자기자입니다. 인은 무엇인가요? 남을 나와 같이 생각하는 마음입니다. 인의 출발은 공감입니다. 어린아이가 우물로 기어갈 때 누군들 쫓아가서 구해 주지 않겠습니까. 아이를 구하는 그 순간, 아이의 부모에게 보상을 받을 거라든가 아이를 구해 주지 않으면 사람들에게 비난을 받을 거라든가 하는 계산은 하지 않습니다. 아이가 우물에 빠져 죽을 것이 안타까워 그냥 뛰어가 구하게 되는 것이죠. 사람은 누구나 이렇게 인의 마음을 갖고 있습니다. 인자는 따뜻한 방석을 내어 주는 사람이기도 합니다. 그래서 인자의 옆에선 누구나 편안함을 느낀답니다.

'의'는 정의입니다. 정의는 정직을 바탕으로 하지요. 공자는 이런 말을 한 적이 있습니다.

"사람은 정직하게 태어난다. 그것을 잊고 살아가는 삶은 요행히 죽음을 면하고 사는 삶이다."

정직을 잊은 삶은 거짓된 삶입니다. 거짓이 부끄러운 일이라는 건 세 살짜리 아이도 너무나 잘 압니다. 그런데 사람들은 억지로 부끄럽지 않은 체하며 살아갑니다. 아니 가끔은 거짓을 행하고도 큰 소리를 칩니다.

맹자에 따르면, 예의 없는 무례한 사람이 자포자이며 인의를 저버리는 사람이 자기자입니다. 이렇게 자포자기自暴自棄하는 사람이 많으면 세상이 어찌되겠어요. 평화는커녕 미움과 싸움만이 가득한 세상이 됩니다. 현재 대한민국은 자포자기하는 사람이 많은 것 같습니다.

얼마 전엔 남한의 좁은 땅 어딘 가에 미국이 사드THAAD를 배치하겠다는 것 때문에 난리가 났습니다. 사드는 적국에서 날아오는 미사일을 공중에서 요격시키는 미사일 방어체계입니다. 수만 평에 이르는 미사일 기지가 필요하고 레이더가 내쏘는 강력한 전자파가 주변 생물에 큰 영향을 미친다고 합니다.

　사드는 방어용이라지만 북한이나 중국을 크게 자극하는 일입니다. 이는 국방을 방기하는 일과 완전히 거꾸로 가는 일이지요. 가라타니 고진이나 맹자의 입장에선 "아, 슬프다!" 하고 탄식이 나올 일입니다.

自暴者_{자포자}는 不可與有言也_{불가여유언야}오 自棄者_{자기자}는 不可
與有爲也_{불가여유위야}라.

자신을 해치는 자포자와는 더불어 말을 할 수 없다. 자신을 버리는 자기
자와는 더불어 일을 할 수가 없다.

仁_인은 人之安宅也_{인지안택야}오 義_의는 人之安路也_{인지안로야}라. 曠
安宅而弗居_{광안택이불거}하며 舍正路而不由_{사정로이불유}하니 哀哉_{애재}
로다.

인은 사람의 편안한 집이며 의는 사람의 편안한 길이다. 편안한 집을 비
워두고 살지 않으며 바른 길을 버리고 걷지 않으니, 슬프다!

자식은 바꿔서 가르쳐라
易子而敎之 역자이교지

　해마다 3월이 되면 학교는 술렁거립니다. 내 주변에는 초등학교 선생님들이 많습니다. 이분들은 '개학병'이라는 병을 앓습니다. 방학이 끝나가는 개학을 일주일 정도 앞두고부터 슬슬 병이 도진다는 것이죠. 배도 살살 아픈 것 같고 머리도 찌근거리고 가슴도 두근두근하는 갖가지 증상이 나타납니다.

　교사만 그런 게 아니라 아이들도 개학병을 앓습니다. 그런데 개학병보다 더 심각한 것이 '새학년병'입니다. 새로운 사람과 만나 일 년이란 시간을 함께 지내야 하는 시작이, 만만치 않은 무게로 다가오기 때문이죠. 교사도 아이도 마찬가지지만 요즘은 교사들이 좀 더 병증이 깊은 것 같습니다. 그건 학년 초에 하게 되는 학부모 상담 때 최고조로 올라갑니다.

깊은 병중을 호소하는 한 교사에게 나는 이런 충고를 했습니다.

"부모 앞에서 아이 험담을 하지 마세요. 아이의 장점을 찾아서 인정을 해 주세요. 칭찬 말고 인정입니다. 아이의 단점은 부모가 스스로 말하게 하세요. 부모 앞에서 아이의 흠을 얘기하면 부모는 반드시 아이를 변호하게 됩니다."

부모는 자식과의 관계에서 사랑이 앞섭니다. 잘못이 있어도 냉정하게 가르치기 어렵습니다. 마음 상태가 그런데다 남이 흉까지 보면 자기 자식이 아무리 잘못을 했어도 감싸고 돕니다. 공자는 이런 말까지 합니다.

사랑한다고 수고롭게 않을 것인가?

— 『논어』, 헌문편

눈에 넣어도 아프지 않은 자식이 고생하는 것을 부모는 못 봅니다. 어떤 엄마는 딸이 시집갈 때까지 손끝에 물 한 방울 묻히지 않게 했다고 자랑합니다. 하지만 딸은 시집을 가서 후회를 했습니다. 집안일이나 음식 하는 것을 미리 배워 두지 못한 것을 말이죠. 우리 속담에 '미운 놈은 떡 하나 더 주고 예쁜 놈은 매 하나 더 줘라.'는 것이 있습니다. 자식이 예쁠수록 더 힘들게 가르쳐야 한다는 것이죠. 그래야 버릇이 나빠지지 않고 좀 더 훌륭한 사람이 됩니다. 공자의 지적은 바로 그 부분입니다.

하지만 부모가 자식을 고생시키기는 정말 어렵습니다. 그래서 맹자는 해법을 제시합니다. 자식은 바꿔서 가르치라는 것이죠. 맹자와 제자 공손추의 대화를 봅시다.

공손추가 맹자에게 여쭈었다.
"군자는 자식을 직접 가르치지 않는다고 합니다. 왜 그러는 거죠?"
"세력이 자연스럽게 행해지지 않아서 그렇다. 부모가 바르게 행동하라고 가르치는데 자식이 바르게 행동하지 않으면 부모는 화를 낸다. 부모가 성질을 내면서 꾸짖으면 오히려 자식을 해치게 된다."
"자식이 바르지 않으면 당연히 꾸짖어야지요."
"그게 그렇지 않다. 부모가 화를 내면 자식은 '아버지는 나를 바르게 행동하라고 가르치면서 아버지는 다 바르게 행동하시지 않네.'하고 불만을 품는다. 이는 아버지와 아들이 서로 해치는 꼴이다. 부자가 서로 해치는 건 정말 나쁜 일이다."

이런 일화가 있습니다. 초등학교 일 학년인 아이가 집 식탁에서 밥을 먹다가 실수로 컵의 물을 엎질렀습니다. 엄마는 대뜸 "어휴, 왜 그렇게 덤벙대니? 조심 좀 해라!" 하고 얼굴을 찡그리며 혼을 냈어요. 그런데 며칠 뒤 엄마가 실수로 컵을 엎질렀습니다. 물은 식탁에서 흘러 아이의 바지를 적시기까지 했습니다. 이때 아이가 이렇게 말했답니다.

"나는 엄마가 물을 엎질러도 혼 안 내."

엄마는 웃고 말겠지만 속으로 뜨끔했겠지요. 부모는 자기 자식을 객관적으로 바라보기 어렵습니다. 지나치게 감싸거나 지나치게 혼을 냅니다. 그래서 맹자는 이렇게 덧붙입니다.

옛날부터 자식을 바꿔서 가르친 건 까닭이 있다. 부모와 자식 사이에는 '선善'을 놓고 서로 꾸짖어선 안 된다. 서로 잘하라고 자꾸 꾸짖으면 멀어지게 된다. 부모 자식이 멀어지는 슬픔보다 더 큰 불상사는 없다.

부모와 자식이 사사건건 잘잘못을 따지면 화목한 가정이라 할 수 없습니다. 아이가 가정에서 배우는 것을 '훈도薰陶'라고 합니다. 흙으로 빚은 그릇은 불을 먹고 식으며 서서히 굳어집니다. 나무가 타면서 내는 향기도 은은하게 스며듭니다. 억지로 강요하는 가르침이 아니라 자연스럽게 젖어드는 가르침, 그것이 훈도입니다. 가정의 가르침은 그래야 합니다. 부모와 형제는 그런 좋은 배경이 되어야 하는 것이죠.

하지만 학교는 다릅니다. 일정한 규율이 있으며 관계의 예법이 있습니다. 때로는 통제하여 가르치기도 합니다. 목표를 정하고 도달하기를 요구하기도 합니다. 냉정하고 객관적입니다. 정에 가려져 진실을 외면하지도 않습니다. 부모들이 집에서 가르치지 않고 학교를 보내거나 다른 사람에게 가르쳐 달라고 하는 이유가 바로 그것입니다.

조선 시대에 예학으로 이름난 김장생이란 분이 있습니다. 이 분은 조선 예학의 집대성이라 할 수 있는『사계집람』이란 책을 썼습니다. 김장생은 열 살 되던 해에 구봉 송익필에게 배우러 갑니다. 김장생의 아버지도 훌륭한 학자였고 집안에도 뛰어난 사람이 많았지만 송익필의 제자로 들여보낸 것이지요. 김장생은 무려 십 년 동안이나 송익필의 집에서 배웁니다. 부모가 자식을 가르치지 않는 예를 잘 보여 주는 장면이라 하겠습니다.

요즘 '홈스쿨링'을 하는 경우가 더러 있습니다. 이런 집들도 홈스쿨링을 하는 집안끼리 서로 자주 교류를 합니다. 한집안에서만 교육이 이루어지기에 어려운 점이 있다는 것을 인정하는 셈이지요. 끊임없이 작은 공동체들이 만들어지는 까닭이기도 합니다.

古者_{고자}에 易子而敎之_{역자이교지}라. 父子之間_{부자지간}은 不責善_불

_{책선}이니 責善則離_{책선즉리}라. 離則不祥_{리즉불상}이 莫大焉_{막대언}이라.

옛날부터 자식을 바꿔서 가르쳤다. 부자 사이엔 선으로 서로 꾸짖지 않

는다. 선으로 서로 꾸짖으면 헤어지게 된다. 부자가 헤어지는 건 상서롭

지 못함이 이보다 더 큰 것이 없다.

사람은 해서는 안 되는 것이 있음을 안 뒤에 뭔가를 할 수 있다

人有不爲也而後 可以有爲 인유불위야이후 가이유위

사람이 세상을 살아가면서 해서는 안 되는 것이 참 많습니다. 하나하나 꼽아 보자면 며칠 낮밤을 세야 될지도 모릅니다. 집에서도 동네에서도 학교에서도 회사에서도 우리는 늘 금지에 부딪칩니다. 이것하지 마라, 저것 하지 마라. 철학자 푸코의 말대로 우리는 시시각각감시당하고 처벌을 받습니다. 사람으로 살아가는 숙명이라고 해야할까요.

하지만 맹자는 말합니다.

해서는 안 되는 것이 있다는 자각을 한 뒤에야 뭔가를 할 수있다.

맹자의 이 말은 사람다운 사람이 되라는 격려입니다. 세상에는 정의가 있고 불의가 있습니다. 선과 불선도 있고 인과 불인도 있습니다. 해서는 안 되는 것들은 무엇입니까? 우리는 너무나 잘 압니다. 불의, 불선, 불인 등 모두 부정적인 것들이죠. 옳지 않은 일, 착하지 않은 일, 사랑하지 않는 일은 모두 해서는 안 되는 일들입니다.

공자의 명언을 하나 예로 들어 보겠습니다. '기소불욕 물시어인己所不欲 勿施於人'이란 말입니다. 공자의 어록인『논어』에는 반복되는 구절이 많습니다. 가장 많이 반복되는 횟수는 네 번인데요, 두 구절이 있습니다. 아마 공자가 굉장히 자주 얘기해서 제자들이 많이 기록하게 되었을 겁니다. 이 구절도 네 번 반복됩니다.

내가 하고자 하지 않는 것을 남에게 베풀지 말라

내가 하기 싫은 건 다른 사람도 하기 싫을 겁니다. 물론 내가 하기 싫은 것을 좋아하는 사람도 있을 수는 있지만 보편적이지는 않겠죠. 공자의 이 말은 '사람이 해서는 안 되는 일' 가운데 가장 중요한 것이 아닌가 합니다. 사람들이 모두 공자의 말처럼 행동할 수만 있다면 정말 따뜻한 사회가 될 텐데요.

보통 우리는 내가 하기 싫은 일을 남이 대신 해 주기를 바랍니다. 우리 인류사에는 커다란 고통으로 남은 사건이 많습니다. 아메리카 대륙을 서양이 정복한 사건도 그 중 하나입니다. 평화롭게 살아가던

원주민들은 어느 날 갑자기 쳐들어 온 서양인들에게 무참하게 학살을 당합니다. 무자비하게 원주민을 죽이고 땅을 빼앗은 서양인들은 이제 아프리카 사람들을 강제로 끌고 옵니다. 대신 농사를 짓고 시중을 들어 줄 노예가 필요했으니까요. 유엔 인권이사회 자문위원인 장지글러는 『빼앗긴 대지의 꿈』이란 책에 이렇게 썼습니다.

> 아프리카에서는 어린이를 포함하여 2000만 명 이상이 강제적으로 가족의 품을 벗어나 대서양 너머로 이송되었으며, 그곳의 농장, 광산, 등지에서 배고픔과 질병, 고문 등으로 고통받으며 노동력을 제공했다. (55쪽)

노예 사냥꾼들은 아프리카 인을 사람으로 보지 않은 것이 분명합니다. 기록을 하나 더 보겠습니다.

> 베닝 만과 사우바도르 만 사이의 바다를 건너는 동안(평균 두 달이 넘게 걸렸다) 흑인 노예 무역선에 타고 있던 200명에서 300명가량의 석사슬로 묶인 남자, 여자, 어린이들 중의 20퍼센트는 괴혈병, 굶주림 또는 비인간적인 대우 때문에 죽었다. (56쪽)

아프리카의 드넓은 초원을 마음껏 뛰어놀던 사람들을 서양인은 무슨 권리로 이렇게 할 수 있었을까요?

맹자의 말에 따르면 인간이라면 정말 해서는 안 되는 일을 저지른 것이죠. 당연히 해서는 안 되는 일을 한 그들은 '정의'를 말할 자격이 없습니다. 정의를 말하려면 해서는 안 되는 일을 했다는 것을 자각하고 진정으로 뉘우치는 모습을 보여야 합니다. 그런데 과연 그럴까요? 유엔에서 서양인들이 하는 행동을 보면 '해서는 안 되는 일'을 했다는 자각이 아직 없습니다.

최근에 일본군 성노예에 대해 일본이 보여 주는 모습도 마찬가지입니다. 어린 소녀들을 강제로 끌고 가서 성노예로 삼은 일에 대한 진정어린 참회가 없습니다. 거짓으로 반성하는 척하고 넘어가려 합니다. 이들 역시 '정의'를 말할 자격이 없습니다.

맹자는 평화주의자입니다. 평화로운 삶을 바라는 맹자의 눈에 보이는 세상은 참혹하기 그지없습니다. 맹자는 피를 토하는 심정으로 말하고 또 말합니다. 사람으로서 하지 않아야 할 짓은 제발 하지 말라고 말입니다.

사람으로서 하지 않아야 할 중요한 것으로 우리가 가끔 착각하는 것이 하나 있습니다. '내가 원하는 것을 남에게 베푸는 일'입니다. 내가 좋아한다고 남도 좋아할 거라는 보장은 없습니다. 나에게는 좋지만 다른 사람은 싫어할 수 있습니다. 내가 축구를 좋아한다고 친구에게도 축구를 강요할 수는 없습니다. 내가 하기 싫은 것은 남도 하기 싫을 가능성이 크지만 내가 좋아하는 것을 남도 좋아할 가능성은 상대적으로 적습니다.

◎이루 하-8장

人有不爲也而後인유불위야이후에 可以有爲가이유위라.

사람은 해서는 안 되는 것이 있다는 자각을 한 뒤에야 뭔가를 할 수 있다.

◎진심 상 - 17장

無爲其所不爲무위기소불위하며 無欲其所不欲무욕기소불욕하라. 如
此而已矣여차이이의라.

자기가 하지 않아야 할 일은 함이 없어야 하며, 자기가 원하지 않는 것은
욕심냄이 없어야 한다. 사람다운 삶이란 이와 같을 뿐이다.

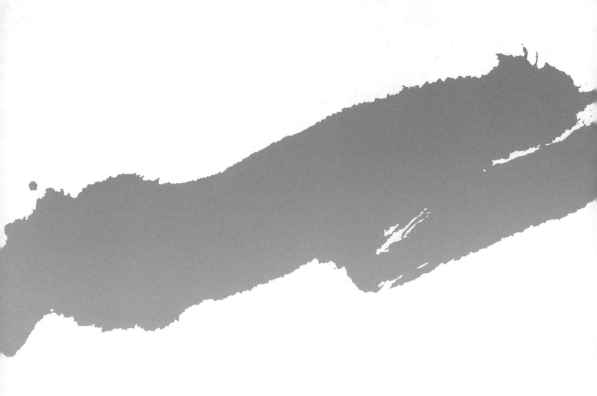

하늘은 말이 없다

쇠 소리가 울려 퍼지면 옥이 담아 품는다

벗이란 그 덕으로 사귀는 법

쇠소리가 울려 퍼지면

〈만장〉

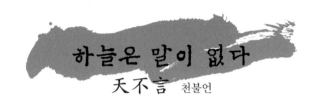

하늘은 말이 없다
天不言 천불언

말은 적을수록 좋다고 합니다. 말이 만드는 피해가 너무나 크기 때문에 그렇습니다.

조선 시대 시인 송강 정철1536-1593은 이런 시조를 남겼습니다.

말하기 좋다 하고 남의 말을 말을 것이
남의 말 내가 하면 남도 내 말 하는 것이
말로써 말 많으니 말 말을까 하노라

정철은 정승 벼슬까지 지냈고 뛰어난 문학작품도 많이 남긴 사람입니다. 그렇지만 정치적으로 반대파인 동인들의 미움을 사서 두 번이나 귀양을 갑니다. 정철과 같은 나이의 절친 율곡 이이는 '송강은 술을 너무 좋아하고 말을 너무 잘해서 탈이야.'하고 걱정도 했습니다. 아마 정철은 말 때문에 곤란을 겪은 일이 많은 듯합니다. 차라리 '말을 말자!'는 다짐으로 위와 같은 시조를 지었는지도 모르겠군요.

공자는 남용이라 제자를 조카사위로 삼았는데 그 이유가 '백규'라는 시를 날마다 세 번씩 외웠기 때문이랍니다. 백규라는 시의 내용은 다음과 같습니다. 백규는 '하얀 옥'인데 매우 귀한 옥입니다.

백규에 생긴 흠집은
갈아서 없앨 수 있지만
말로 생긴 흠집은
어찌할 수 없다네

남용이 날마다 이 시를 외운 건 말 조심하겠다는 다짐을 스스로 하는 것이죠. 그런 삶의 태도를 공자가 높이 평가한 겁니다.

보통 사람들은 말을 한 번 하기 시작하면 자꾸 또 해야 합니다. 말은 아무리 잘해도 완벽하지 않기 때문에 보충할 부분이 생깁니다. 그래서 말은 시작을 잘해야 하는 것이죠. 아니면 하고 싶은 말이 있어도 아예 참고 안 하는 방법도 있습니다. 사마우라는 제자와 공자가 나눈 대화 한 토막을 들어 볼까요?

사마우가 스승에게 여쭈었다.

"스승님, 인을 실천하는 방법에 대해 알고 싶습니다."

"말을 참고 하지 않는 것이다."

"예에? 겨우 그 정도입니까?"

"무슨 소리. 말을 참는 건 몹시 어려운 일이다. 물론 말을 참고 안 하는 것이 아니라 '말을 참음이 없는 경지'에 이를 수 있다면 더없이 좋겠지."

사마우는 좀 수다스러운 사람이었나 봅니다. 말을 참으라고 공자가 충고하고 있으니까요. 공자의 말 중에 '말을 참음이 없는 경지'가 중요합니다. 말을 억지로 참는 것은 사실 큰 의미가 없죠. 좀 참다가 다시 막 쏟아 놓을 테니까요. 말을 참고 안 하는 것이 아니라 자연스럽게 말이 없는 경지. 이는 말을 하지 않아도 말이 통하는 그런 경우를 뜻하는 게 아닐까요.

여기 맹자가 말하는 '하늘은 말이 없다'가 바로 그렇습니다. 하늘은 말이 없어도 누구나 다 우러러 봅니다. 하늘은 인류가 살기 시작한 뒤로 가장 높은 신으로 공경받아 왔습니다. 사는 게 힘이 들 때 우리는 '오 하느님!' 하고 외칩니다. 그럴 때 하느님은 말없이 안아 주고 다독여 줍니다.

하늘이 이렇게 공경을 받는 것은 자랑을 하지 않기 때문입니다. 그것을 노자는 '생이불유生而不有'라고 표현했습니다. 낳았으나 소유하지는 않는다는 말입니다. 「강아지 똥」이란 동화를 쓴 권정생은 〈밭

한 뙈기〉라는 시에서 '이 세상 / 온 우주 모든 것이 / 한 사람의 / 내 것은 없다 / 하느님도 / 내 거라고 하지 않으신다/이 세상 모든 것은 / 모두의 것이다'라고 노래합니다.

　하늘은 만물을 낳고 길러 주지만 '내 거'라고 말하지 않습니다. 말 없이 그저 행동으로 보여 줍니다. 착한 사람에겐 상을 주고 악한 사람에겐 벌을 줍니다. 하늘에게서 받는 벌을 '천벌'이라고 하는데, 천벌은 사람의 힘으로 벗어날 길이 없습니다. 사람들이 지금처럼 오만하게 굴면 언제 천벌이 내릴지 알 수 없습니다. 지구에 살아가는 수많은 생명들은 똑같이 귀합니다. 그런데도 사람이 가장 힘이 센 것처럼 거만하게 굴고 있습니다. 생명들 앞에 겸손해야겠습니다.

天不言천불언하니 以行與事이행여사하여 示之而已矣시지이이의라.

하늘은 말이 없으니 행동과 일로 보여 줄 뿐이다.

天視自我民視천시자아민시오 天聽自我民聽천청자아민청이라.

하늘은 우리 백성들이 보는 것으로부터 보고, 하늘은 우리 백성들이 듣
는 것으로부터 듣는다.

莫之爲而爲者막지위이위자는 天也천야오 莫之致而至者막지치이지자
는 命也명야라.

하는 것이 없는 것 같지만 다 하는 것이 하늘이다. 도달하는 것이 없는
것 같은데 다 오는 것이 명이다.

쇠 소 리 가 울 려 퍼 지 면
옥 이 담 아 품 는 다
金聲而玉振之 금성이옥진지

'바다'는 모든 것을 다 '받아들여서' 바다라고 부른답니다. 정말 지
상의 모든 물은 다 바다로 흘러들어 갑니다. 바다는 더러운 물이든
깨끗한 물이든 다 받아들입니다. 사람도 가끔 바다 같은 사람이 있습
니다. 그러나 이런 욕을 먹는 사람도 있습니다.

"그릇이 종지만도 못해."

나도 이런 핀잔을 들을 때가 있습니다. 고추장이나 간장을 담는 종
지. 얼마나 작은 그릇입니까. 그릇이 작으니 담기는 물도 양이 형편
없습니다. 받아들이지 못하는 물이 많으니 싸움도 자주 일어납니다.
맹자는 종지만한 그릇을 가진 사람들을 위해 이런 이야기를 남겼습
니다.

맹자가 제자인 만장과 대화를 나눕니다. 만장은 나이가 많은 맹자의 수제자입니다. 만장이 차를 한잔 마시고 나서 맹자에게 묻습니다.

"오늘은 이 땅에 살았던 위대한 인물들에 대한 이야기를 듣고 싶습니다."

"누구를 알고 싶은가?"

"먼저 백이에 대해 말씀해 주십시오."

"백이는 매우 청결한 사람이다. 눈으론 나쁜 빛깔을 보지 않았고 귀로는 나쁜 소리를 듣지 않았지. 자기 몸을 깨끗하게 하여 조금이라도 더러운 것은 가까이 하지 않았다네."

백이는 주나라 무왕이 은나라를 멸망시키려고 군사 일으키는 것을 반대합니다. 그러나 뜻을 이루지 못하자 수양산에 들어가 굶어 죽었다고 합니다. 만장이 묻습니다.

"백이가 후세에 끼친 공이 있습니까?"

"있고말고. 백이의 이야기를 듣고 탐욕을 줄여 청렴해진 사람도 있으며 겁 많은 사람이 굳센 용기를 얻는 경우도 있다네."

"알겠습니다. 이윤은 어떤 사람입니까?"

이윤은 탕 임금을 도와서 은나라를 세운 인물입니다. 요리를 잘하는 궁중 요리사로 있다가 탕 임금의 눈에 들어 재상이 되었죠. 맹자가 대답합니다.

"이윤은 세상 사람들이 다 평화롭게 살기를 바란 사람이다. 단 한 사람이라도 비참하게 살면 그게 다 자기 책임이라고 생각했지. 이윤은 자기 스스로 '선각자'라고 여겼다네. 그래서 이렇게 말하곤 했지. '나는 하느님께서 세상에 낸 인간 중에서 선택받은 자이다. 나는 백성을 깨우쳐서 다 같이 평화롭게 살게 할 사명이 있다.' 말만 한 게 아니고 늘 자기 사명을 실천하려 애썼지."

"대단한 분이로군요?"

"그렇고 말고. 이런 이윤의 이야기를 듣고 자기도 세상을 위해 뭔가를 해야겠다고 다짐하는 사람이 많다네."

"잘 알겠습니다. 유하혜는 어떤 인물입니까?"

유하혜는 맹자보다 삼백 년 정도 앞서 살았던 사람입니다. 버드나무가 휘영청 늘어진 마을에 살았는데 사람들에게 은혜를 많이 베푼 인물입니다. 공자와 같은 노나라 출신으로 공자도 유하혜를 매우 높게 평가했죠.

맹자가 대답합니다.

"뭐든지 다 된다고 하는 사람이다. 무한긍정을 하는 사람이라고나 할까. 유하혜는 늘 이렇게 말했다네. '너는 너고 나는 나다. 니가 내 곁에서 옷을 벗고 온갖 더러운 짓을 한다고 해도 나를 더럽힐 수는 없다.' 그래서 유하혜는 백이와는 행동이 달랐지. 세상의 나쁜 빛깔도 보고 나쁜 소리도 다 들었어. 세상의 모든 것은 다 조화시킬 수 있다고 생각한 사람이거든."

"그게 가능하겠습니까?"

"물론 안 되는 경우도 있겠지. 하지만 유하혜는 다 된다는 마음으로 평생을 살았네. 그래서 유하혜의 이야기를 듣고 감동을 받아 속 좁은 사람이 너그러워 지는 일도 더러 있다네. 경박한 사람이 진지해 지고 인색한 사람이 다른 사람에게 은혜를 베푸는 경우도 있지. 이런 건 다 유하혜의 공일세."

"잘 알겠습니다. 마지막으로 한 분에 대해 여쭙겠습니다. 스승님이 마음 속 스승이라고 늘 말씀하시는 공자는 어떤 인물입니까?"

"오, 그래. 공자님이라……."

맹자가 말을 멈추고 잠깐 뜸을 들였습니다. 만장은 기다리면서 차를 한 잔 마셨습니다. 맹자도 천천히 차를 한 잔 마시고 나서 입을 열었습니다.

"집대성하신 분이지."

"집대성이라면 모아서 크게 완성했다는 말입니까?"

"그렇지. 공자는 백이, 이윤, 유하혜가 가진 덕을 골고루 다 갖추신 분이야. 백이의 순결함과 이윤의 책임감과 유하혜의 조화로움을 때에 맞춰 적절하게 세상에 베푸셨지. 마치 쇠 소리가 울려 퍼지면 옥이 품안에 주워 담는 것과 같다고나 할까."

"네……'금성옥진'이란 말씀이군요."

만장의 말에 맹자가 빙그레 웃으며 고개를 끄덕였습니다.

금성옥진金聲玉振은 글자 그대로 해석하면 '쇠 소리와 옥이 떨리는 소리'라고 할 수 있지만 맹자와 만장의 대화에선 다릅니다. 쇠 소리는 쇠로 만든 편종에서 나는 소리이고 옥 소리는 옥으로 만든 편경에

서 나는 소리입니다. 음악을 연주할 때 쇠의 세고 날카로운 소리들은 옥의 따스하고 부드러운 소리가 다 받아들여 조화를 시킵니다. 그래서 쇠 소리는 시작하는 소리이고 옥 소리는 마무리하는 소리입니다.

그러니까 백이, 이윤, 유하혜는 쇠 소리이고, 공자는 옥 소리라고 비유를 한 것이죠. 제각각 가치를 지니는 소리들이 모여 하나의 음악이 완성되는 오케스트라라고 할까요? 그게 바로 집대성입니다. 공자는 '금성옥진하여 집대성한 사람'이라고 맹자는 말하고 있습니다. 그런데 여기서 정말 중요한 것은 '때에 맞춰'라는 말입니다. 어떤 때는 백이처럼 하고 어떤 때는 이윤처럼 해야 한다는 겁니다. 또 어떤 때는 유하혜처럼 하기도 해야죠.

그래서 맹자는 공자를 '시성時聖'이라고 부릅니다. 시성은 때를 잘 맞추는 성인이라는 말입니다. 빨리 갈 때는 빨리 가고 오래 있어야 하면 오래 있고 나아가야 할 때면 나아가고 물러나야 할 때는 미련 없이 물러나는 그런 사람이라는 것이죠.

마른 땅에 때 맞춰 내리는 비를 '시우時雨'라고 합니다. 가뭄에 단비 같은 것입니다. 우리는 때를 잘 맞춰서 생활하기가 참 쉽지 않습니다. 하지만 그게 보통 사람인 것을 어쩌겠어요. 다 공자가 될 수는 없으니까요. 그러니 크게 걱정할 필요는 없겠습니다. 다만 때에 맞춰서 뭔가를 해 보겠다는 노력만은 꾸준히 해야겠지요. 부처님도 이렇게 말씀을 하셨거든요. '깨달음을 얻은 경지보다 깨달음을 추구하는 과정이 더 행복하다'고 말입니다.

孔子之謂集大成_{공자지위집대성}이니 集大成也者_{집대성야자}는 金聲而玉振之也_{금성이옥진지야}라. 金聲也者_{금성야자}는 始條理也_{시조리야}이며 玉振之也者_{옥진지야자}는 終條理也_{종조리야}라. 始條理者_{시조리자}는 智之事也_{지지사야}이며 終條理者_{종조리자}는 聖之事也_{성지사야}라.

공자는 집대성했다고 하니 집대성이란 쇠 소리를 옥이 품는 것과 같다. 쇠 소리는 시작하는 조리(질서)이고 옥 소리는 마무리 하는 조리이다. 시작하는 조리는 지혜의 일이며 마무리 하는 조리는 성스러운 일이다.

벗이란 그 덕으로 사귀는 법
友也者 友其德也 우야자 우기덕야

수수께끼를 하나 내 볼게요.

(　　)는 두 몸에 깃든 하나의 영혼이다. (　　)는 꽃잎 하나하나 향기를 풍기는 장미꽃이다. 가장 귀중한 재산은 사려가 깊고 헌신적인 (　　)이다.

자, 괄호 안에 들어갈 공통적인 말은? 금방 아시겠죠? 답은 친구입니다. 벗이라고도 하죠.

　세상을 살아가는 데 벗은 정말 중요합니다. 내 마음을 알아주는 진정한 벗이 한 명만 있어도 행복한 삶이라고 할 정도입니다. 참된 우정에 대한 이야기는 동서양 어디에나 널려 있습니다. 더러는 벗을 위해 목숨을 내놓는 이야기도 있습니다. 인류가 생겨난 이후 우정의 이야기는 시대에 관계없이 끊임없이 생산되어 왔습니다.

맹자가 살던 시대도 마찬가지였지요. 맹자의 뛰어난 제자인 만장도 스승에게 벗에 대해 묻습니다.

"스승님, 벗은 어떻게 사귀어야 합니까?"

맹자가 거침없이 대답합니다.

"나이를 끼우지 말고, 지위를 끼우지 말고, 형제를 끼우지 말고 사귀어야 한다. 벗이란 그 덕으로 사귀는 것이지 뭔가를 끼워서는 안 된다."

맹자는 끼운다는 뜻으로 '협挾'이란 글자를 씁니다. 이 글자는 '끼워 넣는다'는 뜻이 대표이지만 '가지고'라는 뜻도 있습니다. 그러니까 나이를 가지고 으스대고, 지위를 가지고 으스대고, 자기 형제를 가지고 으스대지 말라는 것이죠.

나이와 지위는 설명이 필요 없지만 '형제'가 나타내는 것은 무엇일까요? 보통 두 가지로 해석합니다. 하나는 자기는 별 볼일 없지만 자기 형제의 부귀한 권세를 갖고 으스댄다는 것이고요. 또 하나는 자기 패거리의 힘을 갖고 으스대는 걸 말합니다. 이때 패거리는 피를 나눈 형제가 아닌 사회적으로 조직된 패거리입니다. 조직 폭력배들도 서로 형제라 부르고, 여러 모임에서도 회원들끼리 형제자매라 부르는 경우가 있으니까요.

어쨌거나 맹자 말에 따르면, 뭔가를 '끼운' 사람과는 진실한 벗이 될 수 없다는 것입니다. 이렇게 대전제를 해놓고 맹자는 뭔가를 끼우지 않고 벗을 사귄 사람들의 이야기를 들려 줍니다. 첫 번째는 맹헌자입니다. 맹헌자는 전차 백 대를 낼 수 있는 권력자였지만 가난뱅이인 악정구와 목중을 벗으로 사귀었습니다. 두 번째 사람은 '비' 나라의 임금인 혜공입니다. 혜공은 이런 말을 합니다.

"나는 자사는 스승으로 모시고, 안반은 친구로 사귀며, 왕순과 장식은 신하로서 나를 섬긴다."

자사, 안반, 왕순, 장식은 모두 혜공과 같은 나이였습니다. 그런데 혜공의 말이 재미있죠? 같은 나이인데도 누구는 스승이 되고 누구는 친구가 되고 누구는 신하가 되었습니다. 혜공이 임금이라는 지위를 끼우지 않고 '그 사람이 가진 덕'으로 사귀었기 때문입니다. 나이가 같아도 자사는 혜공의 스승이 될 만한 덕을 갖고 있었다는 얘깁니다. 반면 왕순과 장식은 혜공과 나이가 같지만 덕이 낮아서 신하노릇밖에 못한다는 것이죠.

세 번째 사람은 요 임금입니다. 요 임금은 시골 구석에서 농사를 짓던 '순'에게 자기 두 딸을 시집보냅니다. 지극한 효성과 드넓은 인품으로 소문이 난 순에게 요 임금이 반한 것입니다. 뒷날 요 임금은 순에게 천하의 임금 자리까지 물려줍니다. 이것이 천자가 한 평범한 사람과 사귀는 법이었습니다. 여기서 '귀귀존현貴貴尊賢'이란 말이 나왔는데요, 그것을 맹자는 이렇게 말합니다.

아랫사람으로서 윗사람을 공경하는 것을 '귀한 자를 귀하게 대접한다貴貴'고 하고, 윗사람으로 아랫사람을 공경하는 것을 '어진이를 높인다尊賢'고 한다.

윗사람과 아랫사람이 서로 공경하는 모습입니다. 요 임금은 천자였지만 일개 농부인 순을 깔보지 않았습니다. 천자의 지위를 끼우지 않고 오로지 순과 서로 덕을 존경하는 동등한 위치에서 사귄 것입니다.

조선 시대 뛰어난 문학가인 연암 박지원1737-1805도 '벗을 사귀는 도리' 세 가지를 말한 적이 있습니다. 벗인 홍대용1731-1783이 쓴 『회우록』이라는 책의 서문에서 박지원은 이렇게 말합니다.

통달했구나, 홍군의 벗함이여! 내 지금에야 벗을 사귀는 도리를 알았다. 누구를 벗하는지 살펴보고, 누구의 벗이 되는지 살펴보고, 누구와 벗하지 않는지를 살펴보는 것. 이것이 바로 내가 벗을 사귀는 방법이다.

홍대용이 청나라에 가서 엄성, 반정균, 육비 세 사람과 사귄 이야기에 대한 박지원의 평가입니다. 청나라 세 선비와 홍대용은 서로 나이, 지위, 형제 등을 하나도 끼우지 않고 서로의 학문을 나누는 벗으로 사귄 것입니다.

열세 살 내 인생의 첫 고전 맹자

박지원의 벗을 사귀는 방법이 재미있죠? 어떤 사람이 사귈 만한 사람인가를 알아보는 방법 세 가지를 말하고 있습니다. '그 사람을 알려면 그 사람의 친구를 보라'는 말이 있습니다. 연암이 벗을 사귀는 방법을 한 마디로 하면 '그 사람이 사귀는 친구를 보고' 사귀라는 말입니다. 어떤 사람의 주변에 아주 개차반인 친구들만 있다면 과연 그 사람이 벗으로 사귈 만한 사람일까요?

공자도 말합니다. 세상에 사귀지 못할 사람은 없고 세상에 나보다 못한 벗도 없지만, 나에게 손해를 끼치는 벗은 있다고 합니다. 물론 나에게 유익한 벗도 있다고 합니다. 정직하고 성실하며 아는 것이 많은 벗은 나를 좋은 길로 이끌어 줍니다. 그러나 편벽되고 아첨하고 말재주를 피우는 벗은 나를 나쁜 수렁에 빠뜨릴 수도 있습니다. 벗은 피를 나눈 형제와는 달라서 서로에게 해를 끼치는 관계라면 과감하게 헤어져야 합니다.

'오래 되어도 서로 공경하는 벗' 의 관계가 중요합니다. 조금 친해졌다고 함부로 하는 사람은 마음 속 깊이 사귀는 벗이 되기 어렵습니다.

萬章曰만장왈 敢問友감문우하노이다. 孟子曰맹자왈 不挾長불협장하
고 不挾貴불협귀하며 不挾兄弟而友불협형제이우하라. 友也者우야자
는 友其德也우기덕야이니 不可以有挾也불가이유협야라.

만장이 여쭈었다.

"감히 벗을 사귐에 대해 묻고 싶습니다."

맹자가 대답했다.

"나이로 으스대지 않고, 귀한 지위로 으스대지 않고, 패거리 힘으로 으스
대지 않고 사귀어야 한다. 벗이란 그 덕으로 사귀는 것이니 뭔가를 갖고
으스대면 사귐이 불가하다."

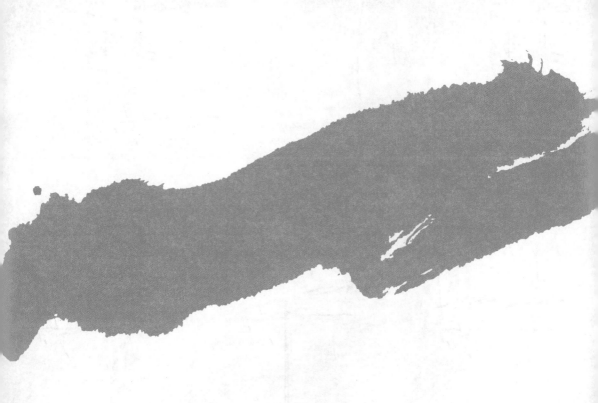

하늘이 주는 벼슬이 있고 사람이 주는 벼슬이 있다

밑바닥이 다른데 높이만 맞추네

하늘이 장차 이 사람에게 큰 임무를 내려주려 할 때엔

하늘이 주는 벼슬〈고자〉

하늘이 주는 벼슬이 있고 사람이 주는 벼슬이 있다

有天爵者 有人爵者 유천작자 유인작자

우리는 참 학교를 오랫동안 다닙니다. 공부도 엄청나게 많이 하는데요, 과연 배움은 누구를 위해서 하는 걸까요. 나를 위해서 하는 걸까요, 남을 위해서 하는 걸까요. 선뜻 대답하기 어렵지요? 열심히 공부하지 않는 아이들을 혼내면서 많은 부모들이 이런 말을 합니다.

"다, 너를 위해서야."

이 말은 굉장히 중요합니다. 옳은 말이기도 하고요. 맞습니다. 공부는 나를 위해서 해야 합니다. 다른 사람을 위해서 공부하면 절대로 안 됩니다. 엄마나 아빠를 만족시키기 위한 공부는 스스로 만족할 수 없을 뿐 아니라 허망한 결과를 가져오게 됩니다.

세상에 뻐기기 위해 하는 공부도 절대로 안 됩니다. 남이 나보다 잘하면 결코 뻐길 수 없기 때문에 원하지도 않는 공부를 죽도록 해야 하는 공부의 노예가 되고 맙니다.

맹자는 나를 위한 공부를 천작天爵이라 하고 남을 위한 공부를 인작人爵이라고 부릅니다. '작爵'이라는 글자는 술잔을 말합니다. 그렇다면 천작은 하늘 술잔이고 인작은 사람 술잔입니다. 하늘이 달콤한 술을 따라 주면 천작이고, 사람이 술을 따라 주면 인작입니다. 예전엔 임금이 새롭게 벼슬을 받는 신하에게 술을 따라 주었습니다. 이것을 임금이 내리는 술이라 해서 '어사주'라고 불렀죠. 그러니까 어사주를 받았다는 것은 곧 벼슬을 받았다는 뜻이 되기도 했습니다. 벼슬은 많죠. 영의정, 우의정 같은 재상도 있고 능을 지키는 참봉 같은 아주 낮은 벼슬도 있습니다. 현대엔 대통령이 임명하는 장관도 벼슬이지요. 이런 것들이 바로 '인작'입니다.

임금이 주는 술은 어사주니까 하늘이 주는 술은 '천사주'라고 부르면 되겠군요. 천사주를 받아 마시는 사람은 천작을 받는 것입니다. 천작이 뭔지 몹시 궁금한데 맹자는 이렇게 말합니다.

어질고 정의롭고 충성스럽고 믿음직하며, 착한 일 즐기기를 게을리 하지 않는 것, 이것을 천작이라고 한다.

영의정, 장관 같은 벼슬 이름도 없고 뭔가 별 재미가 없습니다. 대단한 무엇이길 기대했는데 영 평범한 말씀입니다. 그저 '착하게 살아라'는 잔소리 같아 지나치려는데 맹자의 이어지는 말이 시선을 끌어당깁니다.

옛 사람들은 천작을 닦을 뿐이었으나 인작이 저절로 따라왔다. 지금 사람들은 천작을 닦음이 인작을 바라서다.

아! 잠깐 탄성이 나옵니다. 맹자가 이런 말을 준비해 뒀었군요. 그럼 앞에서 맹자가 말한 천작을 좀 더 자세하게 풀이해 볼까요. '인仁'은 사람을 사랑하는 열린 마음입니다. '의義'는 옳은 일이며 사람들이 어울려 살아가는 사회에서 정직하고 정의로운 일입니다. '충忠'은 임금에게 바치는 그 무엇이 아니라 나 아닌 다른 사람에게 내가 정성을 다하는 마음입니다. 믿음직하다는 뜻인 '신信'은 내가 한 말을 행동으로 지키는 태도입니다.

이 네 가지 '인의충신仁義忠信'으로 삶을 살 수 있다면 정말 대단한 일입니다. 인의충신은 정말 맹자 말대로 끊임없이 수련해야만 가능한 경지입니다. 게다가 착한 일 하는 걸 즐기기까지 하는 삶이라니, 이게 보통 어려운 일입니까. 그래서 옛날 사람들은 이 어려운 삶의 자세를 수련하는 데 온통 집중할 수밖에 없었다는 겁니다. 맹자는 이것을 '천작의 수련'이라 불렀습니다.

천작을 수련하다 보면 사람이 주는 벼슬인 '인작'은 저절로 따라온다고 덧붙입니다. 그래서 그런 모양입니다. 옛 기록을 보면 인작을 거절하는 사람이 참 많습니다. 아직 내가 닦은 천작이 부족한데 어찌 인작을 받을 수 있느냐고 말하는 거죠.

공자 제자 중에 민자건이란 사람이 있습니다. 민자건은 공자의 십 대 제자 중에 한 사람으로 '덕행'이 뛰어났습니다. 민자건에게 당시 노나라 실권자인 계씨가 '비'라는 큰 고을의 수령으로 와 달라고 했습니다. 그러자 민자건은 거절하면서 이렇게 말합니다.

"다시 또 나에게 고을 수령을 하라고 찾아온다면 나는 반드시 노나라를 떠나 버리겠다!"

절대로 계씨가 주는 인작을 받지 않겠다는 선언인 것입니다. 이때 민자건은 스승인 공자에게 말합니다. 아직 배움이 부족하다고요. 민자건이 부족하다고 하는 배움이 바로 맹자가 말하는 천작임에 틀림없습니다.

그런데 보세요. 맹자는 이렇게 말하고 있습니다. '지금 사람들은 인작을 바라고 천작을 닦는다!' 가슴이 뜨끔하지 않습니까? 맹자가 말하는 '지금'이란, 맹자가 살았던 기원전 4세기입니다. 그러나 우리가 살고 있는 2017년, 지금이라고 해도 딱 들어맞는 말입니다. 초등학교 6년, 중·고등학교 6년, 대학교 4년…… 무려 16년 동안 학교를 다니고 학원도 엄청 다니면서 우리는 배웁니다. 배움은 일종의 수련이지요. 이렇게 긴 세월 우리는 수련을 하는데 이것은 무엇을 위한 것입니까? 바로 인작을 얻기 위함입니다.

맹자시대에는 최소한 겉으로는 천작을 닦았습니다. 차마 인작을

열세 살 내 인생의 첫 고전 맹자

바란다는 것을 밖으로 드러내지는 않았죠. 그래도 조금 사람다운 양심은 있었던 겁니다. 어떤 것이 사람다운 삶인지는 알았으니까요. 그러나 현재 우리가 살고 있는 이 시대는 어떻습니까? 겉이고 속이고 다 인작을 바란다고 당당하게 말합니다. 천작 같은 건 개나 줘 버리라고 소리칩니다. 내가 더 좋은 인작을 얻어서 잘 먹고 잘 사는 게 뭔 잘못이냐고 말이죠.

그런데 우리가 크게 착각하는 것이 있습니다. 인작은 사람이 주는 것이죠. 사람이 준 것은 사람이 빼앗아 갈 수 있다는 겁니다. 대통령이 준 장관이란 자리는 대통령에게 밉보이면 하루아침에 날아갈 수 있습니다. 그러나 천작은 다릅니다. 천작은 내 안에 있는 고귀함이거든요. 남이 빼앗아 갈 수 없는……. 맹자는 이렇게 말합니다.

귀하고자 하는 건 모든 사람의 똑같은 마음이다. 그러나 사람마다 자기 몸에 귀한 것을 가지고 있는데 그것을 생각하지 못한다. 사람들이 귀하다고 하는 인작은 진실로 귀한 것이 아니다.

사람마다 자기 몸에 갖고 있는 고귀함이 바로 천작입니다. 바로 하늘이 내려 준 '천사주'인 것이지요. 인의충신과 착한 일은 사람마다 누구나 귀하게 여깁니다. 그리고 그렇게 행동할 수 있는 힘도 자기 몸 안에 다 갖고 있습니다. 다만 그렇게 할 수 없다고 스스로 포기할 뿐이라고 맹자는 주장합니다. 그리고 상대적으로 쉬워 보이는 인작을 얻으려고 달려든다는 것이죠. 이 커다란 착각에서 벗어나라고 맹자는 절절하게 부르짖습니다.

古之人고지인은 脩其天爵而人爵從之수기천작이인작종지이나 今之人
금지인은 脩其天爵수기천작하여 以要人爵이요인작이라. 旣得人爵기
득인작이면 而棄其天爵이기기천작하니 則或之甚者也즉혹지심자야하니
終亦必亡而已矣종역필망이이의라.

옛 사람은 천작을 닦으니 인작이 저절로 따라왔으나 지금 사람은 천작을
닦아서 인작 얻기를 바란다. 그리고 인작을 이미 얻었으면 끝바로 천작
을 버렸다. 이렇게 사람다운 삶 잃어버리기를 심하게 하면 끝내 인작도
잃고 다 망하게 될 따름이다.

밑바닥이 다른데 높이만 맞추네

不揣其本 而齊其末 불췌기본 이제기말

두 아이가 놀이를 하고 있습니다. 한 아이는 긴 막대를 들었고 한 아이는 조금 짧은 막대를 들었습니다. 두 아이는 각자 막대를 담벼락에 기대 놓았습니다. 긴 막대를 든 아이가 "내 막대가 더 길어."하고 말했습니다. 그러자 짧은 막대를 든 아이가 자기 막대를 얼른 담 위에 올려 놓고는 말했습니다.

"아냐. 내 막대가 더 길어."

이 말은 맞는 말일까요?

담 위에 올려 놓았으니 담벼락에 기대어 놓은 긴 막대보다 훨씬 높아 보이긴 합니다. 높이로만 보면 분명 담 위의 짧은 막대가 높습니다. 그러나 이건 뭔가 문제가 확실하게 있어 보입니다.

맹자는 이런 아이들의 놀이 상황을 자신의 주장과 관련시킨 적이 있습니다. 어떤 사람이 맹자 제자인 옥로자에게 이렇게 물었습니다.

"먹는 것과 예의를 지키는 것 중 어떤 게 더 중요합니까?"

"물론 예의가 중요합니다."

"아내를 얻는 것과 예의를 지키는 것 중에는 어떤 게 더 중요합니까?"

"당연히 예의가 중요하죠."

어떤 사람이 '옳다! 걸려들었다'는 표정을 지으며 말했습니다.

"좋습니다. 그렇다면 이렇게 물어 보죠. 만약 예의를 지키다간 굶어 죽어야 하지만 예의를 지키지 않으면 먹을 것을 얻을 수 있다고 합시다. 이래도 예를 지켜야 합니까? 또 육례를 다 갖추어선 도저히 결혼을 할 수 없지만, 예의를 갖추지 않으면 결혼할 수 있다고 합시다. 그래도 꼭 예를 차리느라 결혼을 하지 말아야 합니까?"

"……"

옥로자가 대답할 말을 찾지 못해 묵묵히 있었습니다. 다음날 옥로자는 맹자를 뵙고 이 이야기를 말씀 드리자 맹자가 말했습니다.

"그런 정도 질문에 뭘 그리 쩔쩔맸어. 대답은 아주 쉬웠다. 밑바닥은 다르게 하고 꼭대기 높이만 견준 꼴이라고 하면 될 것을."

옥로자는 맹자 말도 잘 알아듣지 못했습니다. 옥로자는 얼굴을 살짝 붉히며 물었습니다.

"제자가 어리석어 이해를 못했습니다. 좀 더 설명해 주십시오."

"그러지."

맹자가 빙긋 웃으며 말했습니다.

"여기 쇠와 깃털이 있다고 하세. 어떤 것이 무겁냐고 물으면 당연히 쇠가 무겁다고 대답할 테지. 그런데 말이야. 작은 쇠 문고리 한 개와 한 수레의 깃털을 비교하면 어떤 게 무거울까?"

"한 수레 깃털이 더 무겁겠지요."

"바로 그거야. 성질로 따지면 쇠가 무겁지만 상황에 따라선 깃털이 쇠보다 무거울 수도 있는 거지. 무슨 비유인지 알겠나?"

"아, 네. 알겠습니다. 성질로 따지면 예의가 중요하지만 상황에 따라선 예의보다 더 중요한 것이 있다는 말씀이군요. 그러니까 굶어 죽을 상황이라면 예의보다 먹는 것이 더 중요하다는 말씀이지요?"

"옳지! 이제 알아들었군."

맹자가 고개를 끄덕였습니다. 옥로자가 스승의 칭찬에 신이 나서 또 말했습니다.

"육례를 갖추는 게 결혼에서 몹시 중요한 일이지만, 아내를 얻는 일이 더 중요하니까 아내를 얻을 수만 있다면, 그때는 예의를 못 갖추어도 된다는 말씀이고요."

"그래, 그래."

맹자가 웃음을 거두고 진지한 표정으로 말했습니다.

"하지만 말이야. 상황이란 여러 가지가 있어. 굶어 죽을 상황인데 마침 형이 먹을 것을 가지고 있다면 어떻게 하겠는가. 형의 팔을 비틀어 빼앗아 먹어야 할까? 또 이웃집이나 다른 집의 처녀를 납치해 오지 않으면 결혼을 할 수 없다고 할 때는 어떻게 하겠는가? 처녀를 납치해야 할까?"

"……."

옥로자의 말문이 또 막혔습니다. 옥로자가 대답할 말을 찾아보도록 좀 기다리다가 맹자가 말했습니다.

"예의란 상황에 따라 얼마든지 변화할 수는 있다. 하지만 지켜야 하는 원칙은 있는 법이다."

맹자가 말하는 반드시 지켜야 하는 원칙이란 무엇일까요? 굶어 죽을 지라도 형의 음식을 빼앗아선 안 된다는 말일까요? 공자는 이런 말을 한 적이 있습니다.

나는 되는 것도 없고 안 되는 것도 없다. 다만 정의로운지는 견주어 본다.

-『논어』, 이인편

공자의 말은 이래도 흥 저래도 흥, 물에 물탄 듯 술에 술탄 듯은 아닙니다. 반드시 이래야 된다는 고집을 부리거나 어떤 일은 결코 안 된다는 딱딱함이 없다는 것이죠. 세상의 모든 물을 받아들이는 바다처럼 다 포용하되, '정의'로운지만 견주어 본다는 것입니다. 함께 살아가는 인간 세상에서 공동체의 평화를 해치는 일은 정의롭지 않습니다.

맹자가 말하는 '지켜야 하는 원칙'이 바로 공자가 말하는 정의입니다. 형을 죽게 내버려 두고 나만 먹을 수는 없습니다. 그게 인간의 윤리라는 것입니다. 예의는 수시로 변할 수 있으나 인간으로서 지켜가야 할 윤리는 있다는 주장입니다. 그래서 공자는 '살신성인殺身成仁'이라는 말을 합니다. 내 몸을 죽여 인을 이룬다는 뜻입니다. 인은 사랑이니까 내 목숨을 바쳐 사랑을 실천한다고 해석해도 되겠군요. 이건 몹시 어렵고 드문 일입니다. 마찬가지로 자기 목숨을 구하기 위해서 인을 희생시켜선 안 된다고 합니다. 형을 죽게 내버려 두고 내 목숨을 구하기 위해 나 혼자 음식을 먹는 일이 인을 희생시키는 일입니다.

바로 여기서 우리는 아이들 놀이의 문제점을 깨닫게 됩니다. 밑바닥의 기준이 달랐던 것이죠. 한 아이는 땅이고, 한 아이는 담이었으니까요. 밑바닥의 기준은 다른데 눈에 보이는 높낮이만 가지고 크니 작으니 하는 교묘한 말에 속아선 안 되겠습니다. 우리가 지켜야 할 뿌리는 무엇인지 아는 게 중요합니다. 인간으로서 인간다운 삶의 모습 말이죠. '인간다운 삶의 윤리'라는 뿌리만 단단하다면 예의는 얼마든지 상황에 따라 변화할 수 있습니다.

不揣其本而齊其末불췌기본이제기말이면 方寸之木방촌지목도 可使高
於岑樓가사고어잠루라. 金重於羽者금중어우자이나 豈謂一鉤金與一
輿羽之謂哉기위일구금여일여우지위재오?

그 뿌리를 헤아려 보지 않고 그 끝만 잰다면 작은 나무 막대기도 높은 누
각보다 높게 세울 수 있다. 쇠는 깃털보다 무겁지만 어찌 쇠로 만든 문고
리 하나가 한 수레의 깃털보다 무겁다고 할 수 있으랴?

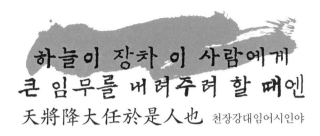

하늘이 장차 이 사람에게
큰 임무를 내려주려 할 때엔
天將降大任於是人也 천장강대임어시인야

사람은 고통 속에서 단련된다고 합니다. 맹자는 이런 말까지 합니다.

"우환은 생명의 길이요, 안락은 죽음의 길이다."

너무 심한 말 같기도 합니다. 안락은 편안하게 즐긴다는 뜻인데요, 맹자가 부정적인 의미로 썼습니다. 그러니 평화로운 삶을 말하는 것이 아니라 아무 생각 없이 그저 즐기고만 사는 삶을 말하는 것 같군요. 우환은 근심 걱정거리인데 이게 좋을 리는 없습니다. 그런데도 '생명의 길'이라고 했으니 부정적인 것을 긍정적인 것으로 바꾸라는 의미 같습니다.

사실 우리 삶이 그렇습니다. 한 가지 예를 들어 볼까요? 얼마 전에

나는 '여강길'을 새롭게 정비하는 일에 참여했습니다. 경기도 여주 지역을 흐르는 남한강을 '여강'이라 부르는데요, 여강을 따라 걷는 길을 여강길이라 합니다. 전체 길이가 약 60킬로미터 정도 되고 제주 올레길과 지리산 둘레길에 이어 우리나라에서 세 번째로 아름다운 길이라고 합니다. 길을 관리하는 사무국장이 몇 년째 골치 아파하는 구간이 있습니다. 잠깐 지나게 되는 사유지 구간의 땅 주인이 길을 막고 안 내주는 거였어요. 그래서 이리저리 새 길을 뚫어서 다니자니, 한 시간 이상을 돌아야 하고 길이 몹시 험했습니다. 그런데 이번에 정말 멋진 길을 새롭게 내게 되었죠. 강에 더 가까운 숨은 길을 발견한 것입니다. 길을 내고 나서 다들 얼마나 감동했는지 모릅니다. 그때 사무국장이 말했지요.

"세상에 나쁘기만 한 건 없네요. 오히려 할머니에게 감사해야겠어요."

할머니는 사유지 길을 막은 땅 주인입니다. 맞습니다. 할머니를 원망도 많이 했는데 이렇게 좋은 길을 만나게 해 주려고 마치 일부러 그런 것 같았다니까요.

맹자는 말합니다. 하늘이 장차 큰 임무를 맡길 사람에게는 시련을 준다고요. 여강길 사무국장에게도 아름다운 길을 안겨 주려고 그렇게 몇 년 동안 할머니가 힘들게 했는지도 모릅니다. 시인 백석의 시가 생각납니다. 한 번 같이 읽어 보죠.

어느 사이에 나는 아내도 없고, 또,

아내와 같이 살던 집도 없어지고,

그리고 쓸쓸한 부모며 동생들과도 멀리 떨어져서,

그 어느 바람세인 쓸쓸한 거리 끝을 헤매이었다.

바로 날도 저물어서,

바람은 더욱 세게 불고, 추위는 점점 더해 오는데,

나는 어느 목수네 집 헌 삿을 깐,

한 방에 들어서 쥔을 붙이었다.

이리하여 나는 이 습내 나는 춥고 누긋한 방에서,

낮이나 밤이나 나는 나 혼자도 너무 많은 것 같이 생각하며,

딜옹배기에 북덕불이라도 담겨 오면,

이것을 안고 손을 쬐며 재위에 뜻 없이 글자를 쓰기도 하며,

또 문 밖에 나가지두 않구 자리에 누어서,

머리에 손 깍지베개를 하고 굴기도 하면서,

나는 내 슬픔이며 어리석음이며를 소처럼 연하여 새김질하는 것이었다.

내 가슴이 꽉 메어올 적이며,

또 내 스스로 화끈 낯이 붉도록 부끄러울 적이며,

나는 내 슬픔과 어리석음에 눌리어 죽을 수밖에 없는 것을 느끼는 것이
었다.

그러나 잠시 뒤에 나는 고개를 들어,

허연 문창을 바라보든가 또 눈을 떠서 높은 천정을 쳐다보는 것인데,

이때 나는 내 뜻이며 힘으로 나를 이끌어 가는 것이 힘든 일인 것을 생각하고,

이것들보다 더 크고, 높은 것이 있어서, 나를 마음대로 굴려가는 것을 생각하는 것인데,

이렇게 하여 여러 날이 지나는 동안에,

내 어지러운 마음에는 슬픔이며, 한탄이며, 가라앉을 것은 차츰 앙금이 되어 가라앉고,

외로운 생각만이 드는 때쯤 해서는

더러 나줏손에 쌀랑쌀랑 싸락눈이 와서 문창을 치기도 하는 때도 있는데,

나는 이런 저녁에는 화로를 더욱 다가 끼며 무릎을 꿇어 보며,

어니 먼 산 뒷옆 바우 섶에 따로 외로이 서서,

어두어 오는데 하이야니 눈을 맞을, 그 마른 잎 새에는 쌀랑쌀랑 소리도 나며 눈을 맞을,

그 드물다는 굳고 정한 갈매나무라는 나무를 생각하는 것이었다.

－ 백석, 〈남신의주 유동 박시봉방〉 전문

시의 화자는 '눌리어 죽을 수밖에 없는' 듯한 시련을 겪고 있습니다. 하지만 시련을 이겨 낸 뒤에는 시속 화자의 마음속에 '굳고 정한 갈매나무'가 자랍니다. 맹자는 이런 말을 합니다.

사람은 덕행이 뛰어나거나 지혜가 출중하거나 재주가 많은 사람

6부·하늘이 주는 벼슬〈고자〉

은 항상 슬픔과 고난 속에 산다. 임금에게 대접받지 못하는 외로운 신하나 아비에게 버림받는 첩의 자식은 늘 위태로움 속에 마음을 졸이며 산다. 그래서 그들은 우환을 사려 깊게 살펴보기 때문에 통달한 사람이 많다.

슬픔과 고난, 버림받음의 시련이 사람을 통달하게 한다는 것입니다. 우리 신화의 바리데기도 버림받은 아이였으나 나중에 신으로 좌정합니다. 지금 내 앞에 있는 어려움에 눌리어 죽을 것 같아도 다시 고개를 들어 천정을 쳐다 봐야 합니다. 그렇게 하다 보면 가라앉을 것은 가라앉고 따스한 화로 앞에 다시 앉을 수 있습니다. 절망은 희망을 품고 있는 법입니다. 세상에 나쁘기만 한 것이 어디 있겠어요.

天將降大任於是人也_{천장강대임어시인야}에는 必先苦其心志_{필선고기심}
지하며 勞其筋骨_{노기근골}하며 餓其體膚_{아기체부}하여 空乏其身_{공핍기}
신이라.

하늘이 장차 이 사람에게 큰 임무를 맡기려 하실 때에는 반드시 먼저 그
마음과 뜻을 괴롭게 하고, 그 근육과 뼈를 수고롭게 하며, 그 살과 피부
를 굶주리게 하며, 그 몸 전체를 궁핍하게 만든다.

물은 웅덩이를 채우지 않고는 흘러가지 않는다

다른 사람에게 기교까지 가르쳐 줄 수는 없다

민중이 가장 귀하다

세상에는 천인, 신인, 미인, 대인, 성인, 신인 등 여섯 종류의 사
람이 있다

민중이 가장 귀하다
〈진심〉

물은 웅덩이를 채우지 않고는 흘러가지 않는다

不盈科不行 불영과불행

나는 얼마 전에 몽골을 다녀왔습니다. 13일 일정 중에 7일은 초원에 텐트를 치고 야영을 했습니다. 처음 야영을 한 아침, 눈을 떴을 때 말할 수 없는 감동을 받았습니다. 사방이 아니라 원의 둘레인 삼백육십 방이 다 초원이었습니다. 그것도 내 무릎보다 높은 키를 가진 풀이 하나 없는 초원이었어요. 거대한 원의 중심에 내가 딱 서 있는 거였습니다.

말로만 듣던 대초원! 그 시원한 장관! 숨이 턱 막히는 것 같고 심장은 두근거렸죠. '아, 이것이 바로 철학자 칸트가 말하는 숭고미로구나'하는 생각이 스쳐갔습니다. 대자연의 경외감, 신비 같은 단어들도 머릿속을 흘러 다녔답니다.

그렇게 초원에서 야영을 하는 7일 동안 날마다 감동하고 또 감동했습니다. 밤하늘에 쏟아지던 별은 또 어떻고요.

"오른손에 북두칠성을 잡고 왼손에 남십자성을 잡았다니까!"

하고 나는 귀국한 뒤에 뻥을 치기도 했습니다. 멀고 먼 하늘에 가물거리며 뜨는 게 별인 줄 알았는데, 몽골의 별은 바로 머리 위에 있었습니다.

하지만 몽골에 가 본 적이 없는 사람은 내가 하는 말에 아무런 느낌이 없었습니다. 아, 그래? 하고 예의상 고개를 끄덕일 뿐이었지요.

이런 상황에 대해 맹자가 한 말이 있습니다.

바다를 보고 온 사람과 시냇물에서만 논 사람하고는 물에 대해 이야기하기 어렵다. 성인의 문하에서 노닌 사람과 평범한 사람은 서로 토론하기 쉽지 않다.

바닷물하고 시냇물은 다 같은 물인데 뭐가 다르냐고 질문하고 싶습니다. 당연히 맹자는 그런 질문에 대한 대답을 준비해 뒀습니다. 물을 보는 데에도 차원이 다른 방법이 다양하다는 것이죠. 바닷물을 본 사람은 바닷물만 본 것이 아니라 시냇물은 이미 봤습니다. 깊은 산 속에서 샘솟는 물도 봤고 졸졸 흐르는 도랑물도 봤습니다. 쓰레기가 둥둥 떠다니는 더러운 물도 봤습니다. 세상의 온갖 물을 다 보고 마침내 바다까지 보고 온 것입니다.

이것을 맹자는 '세상의 온갖 파란'이라고 표현합니다. 파란波瀾은 물결이라고 하는데요, '파'는 물결이 일어나는 것이고 '란'은 일어난 물결이 이리저리 움직이는 모습입니다. 작은 그릇에 담긴 물도 파란이 있습니다. 모든 물은 다 파란을 가지며 모습은 제각각입니다. 따라서 바다의 파란만 본 사람도 물에 대해 얘기하기는 부족합니다. 왜냐하면 아래 맹자의 말을 들어보세요.

흐르는 물의 모습을 보라. 웅덩이가 있으면 그것을 가득 채운 뒤에야 다시 앞으로 흘러간다.

웅덩이를 가득 채우고 앞으로 나아가는 물처럼, 세상의 온갖 물을 다 보고 난 뒤 바다를 보고 와야 하는 것이죠. 그럴 때에야 물에 대해 뭔가를 이야기할 수 있다는 것입니다. 단계를 뛰어넘어 완성될 수는 없다는 말입니다. 그래도 맹자의 주장에 고개를 갸웃하는 사람들을 위해 맹자는 공자의 일화를 갖고 옵니다.

공자님이 노나라의 동산에 올라가서 이렇게 말씀하셨다.
"노나라가 참 작구나!"
얼마 뒤 공자님이 태산에 올라가서는 이렇게 말씀하셨다.
"천하가 참 작구나!"

7부 · 민중이 가장 귀하다 〈진심〉

동산은 작은 산을, 태산은 큰 산을 비유합니다. 노나라와 천하의 비유도 작고 큰 차이입니다. 동산에 올랐다는 건 작은 웅덩이를 하나 채웠다는 것이죠. 태산에 올랐다는 건 아주 큰 웅덩이를 채웠다는 뜻이고요. 노나라가 작다는 표현은 이제 노나라라는 작은 나라에 대해선 알만큼 알았으니 큰 세상으로 눈을 넓혀 보겠다는 다짐입니다.

그런데 예나 지금이나 세상엔 천재가 많습니다. 아주 어린 나이에 대학생들도 풀지 못하는 문제를 척척 해결하는 아이들도 있습니다. 그럼 이런 아이들은 작은 웅덩이들을 채우지 않고 풀쩍 건너 뛰어 바다로 가도 될까요? 그 아이가 가진 특출한 분야에선 그래도 될 겁니다. 그러나 한 인간으로서 살아가는 온갖 일상에선 여전히 수많은 웅덩이들을 채워 나갈 수밖에 없습니다.

집 한 채가 완성되어 가는 과정을 보겠습니다. 터를 마련하고 터에 들어가는 도로를 만들고 수도와 전기를 끌어들이는 일을 해야 합니다. 지을 집 설계도를 그려서 관청에 건축 허가를 받아야 합니다. 이웃한 땅과 경계 측량을 하고 주변에 있는 이웃 사람들을 찾아다니며 집 지을 동안 여러 가지 불편에 대해 양해를 얻어야 합니다. 이제 실제로 집을 지을 인부를 조직하고 인부들을 위한 고용보험을 들어야 합니다.

겨우 집을 지을 준비가 어느 정도 되었습니다. 자, 이런 준비를 생략하고 집을 지을 수 있을까요? 네. 지을 수는 있습니다. 그러나 완성된 집은 뭔가 문제가 많이 발생할 겁니다. 사람이 세상을 살아가는 일도 똑같습니다. 하나하나 기초를 튼튼하게 쌓아가는 일이 중요합니다. 우리가 운동을 배울 때 코치가 기본 자세를 끝없이 반복연습시키는 이유가 거기에 있습니다.

예술도 마찬가지입니다. 역사에 이름을 남긴 대가들을 보며 사람들은 이런 말을 합니다.

"내공이 깊어!"

여기서 내공은 다른 것 아닙니다. 오랫동안 다져온 '기본기'라는 것이지요. 작은 웅덩이라고 무시하고 건너뛸 수는 없습니다. 하나하나 채우면서 앞으로 나아가야합니다. 웅덩이를 다 채우고 나면 작으면 작은 대로 크면 큰 대로 즐거움이 있을 겁니다. 몽골의 초원을 보고 내가 느꼈던 감동도 같은 것이죠. 대초원 경험이라는, 여행길의 작은 웅덩이를 하나 채웠다고나 할까요.

孔子_{공자}가 登東山而小魯_{등동산이소노}하고 登太山而小天下_{등태산이} _{소천하}라 하니 故觀於海者_{고관어해자}는 難爲水_{난위수}요 遊於聖人之 門者_{유어성인지문자}는 難爲言_{난위언}이라. 流水之爲物也_{유수지위물야}는 不盈科_{불영과}면 不行_{불행}이라.

공자가 동산에 올라 노나라를 작다고 하고 태산에 올라 천하를 작다고 했다. 그러므로 바다를 본 사람과는 물에 대해 이야기하기 어렵고 성인 의 문하에서 노닌 사람과는 어울려 말하기 어렵다. 흐르는 물은 웅덩이 를 채우지 않으면 흘러가지 않는다.

* 관해난수觀海難水를 '바다를 본 사람은 물에 대해 함부로 얘기하지 않는다' 고 해석하기도 하는데요, 얼마 전에 돌아가신 신영복 선생이 그렇습니다. 드 높은 경지에 도달한 사람은 낮은 경지에 이른 사람도 함부로 하지 않는다는 뜻으로 보면 좋겠어요.

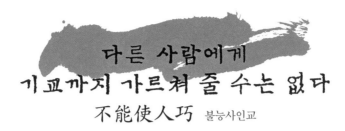

다른 사람에게
기교까지 가르쳐 줄 수는 없다
不能使人巧 불능사인교

소를 강가로 끌고 갈 수는 있어도 물을 먹게 할 수는 없다는 말이 있습니다. 소가 스스로 입을 벌리고 물을 마시지 않으면 어쩔 수 없습니다. 이런 일은 사람살이에서 늘 일어납니다. 엄마는 자기 아이가 공부를 잘 할 수 있도록 뒷바라지에 정성을 다하지만, 아이 스스로 마음을 내지 않으면 아무 소용없습니다.

공자는 제자들에게 말합니다.

흙으로 산 만드는 걸 비유해 보자. 산을 다 쌓아 놓고도 마지막 한 삼태기 흙을 붓지 않아 미완성인 채로 멈추면, 그것은 내가 멈춘 것이다. 웅덩이를 메워 평평하게 만드는 일을 비유해 보자. 비록

한 삼태기일지라도 흙을 부어 나가기 시작하면, 그것은 벼가 나아
가는 것이다.

-『논어』, 자한편

모든 일은 내가 멈추고, 내가 나아간다는 것이죠. 부모형제, 친구, 스승 등 주변인들이 아무리 잘 도와줘도 마지막 결정은 나에게 달렸습니다. 그래서 맹자는 말합니다.

가구, 집, 수레바퀴, 수레 틀을 최고로 잘 만드는 장인이 있다. 그가 제자에게 컴퍼스와 굽은 자 같은 도구 다루는 일은 정밀하게 가르칠 수 있다. 하지만 기교는 가르칠 수 없다.

맞습니다. 원칙은 얼마든지 가르쳐 줄 수 있습니다. 하지만 그것을 운용하는 방법까지는 가르칠 수 없는 것이지요. 배워서 요약하여 자기 것으로 만드는 일은 배우는 사람이 하기 나름입니다. 아무리 많이 배워도 스스로 세상을 보는 통찰력을 기르지 못하면 자기 말을 할 수가 없습니다.

시험을 봤다고 하면 늘 일등을 하는 물리학과 대학생이 있었습니다. 이 학생이 친구들과 나오다가 현관문을 열지 못해 낑낑댔습니다. 옆에 있던 친구가 보다 못해

"너, 왜 그래? 여길 밀면 되잖아."

하고 문의 손잡이가 있는 부분을 밀었습니다. 그러자 문은 너무나 쉽게 열렸죠. 그럼 시험 우등생은 어디를 밀고 있었던 걸까요? 그렇습니다. 손잡이가 달린 반대편, 즉 문의 회전축이 있는 부분을 밀고 있었던 것이지요. 그곳은 아무리 밀어도 문이 열릴 턱이 없습니다.

자, 문이 너무 쉽게 열리는 걸 보고 시험 우등생은 어떻게 했을까요?

"맞다. 내가 왜 그 생각을 못했지. 지렛대 원리로 계산하면 힘 차이가 엄청난데 말이야."

하면서 회전축을 지렛대의 받침으로 보고 손잡이까지의 거리를 재서 힘의 크기를 순식간에 계산해 내더랍니다. 옆에 있던 친구들은 그걸 보고 어이가 없어서 웃을 수밖에 없었답니다.

그런데 이건 정말 웃을 수만은 없는 일입니다. 시험 우등생은 계산을 잘하고 시험은 잘 볼지 몰라도 실제 생활에서는 형편없는 열등생입니다. 이건 알맹이가 빠진 배움입니다.

공자의 말을 하나 더 들어 보겠습니다.

> 같은 배움을 한 스승에게 함께 배울 수는 있으나, 같은 길을 걸을 수는 없다. 같이 배우고 같은 길을 걷는 경우가 드물게 있을 수는 있으나, 같은 경지에 도달할 수는 없다. 같이 배우고 같은 길을 걷고 같은 경지에 도달하는 경우가 아주 드물게 있을 수는 있으나, '권權'을 함께 할 수는 없다.

공자가 말하는 '권'이 바로 맹자가 말하는 '기교'와 같습니다. 권은 저울추입니다. 저울추는 물건이 저울에 올라왔을 때 물건의 무게에 맞춰 균형을 이루도록 만들어 줍니다. 그러니까 상황 상황에 따른 임기응변이라고나 할까요? 원칙은 있지만 상황에 따라 원칙과 다르게 행동해야 하는 경우가 많습니다.

맹자는 '형수의 손을 잡는' 이야기로 '권'을 설명합니다. 남자와 여자, 특히 시동생과 형수가 서로 손을 잡지 않는 것이 원칙적인 예의였습니다. 하지만 형수가 물에 빠져서 허우적대고 있으면 어떻게 해야 할까요? 원칙을 지켜서 형수의 손을 잡지 말아야 하나요? 형수가 곧 익사를 할지도 모르는데 말입니다. 이때엔 당연히 형수의 손을 잡아야 한다고 맹자는 말합니다. 그것이 '권도'라는 거죠.

그러나 권도를 잘못 사용하면 원칙이 있으나마나하게 될 위험이 있습니다. 그래서 아무 때나 권도랍시고 사용해선 안 된다고 했습니다. 또 인자나 성인의 경지에 오른 사람이라야 제대로 된 권도를 쓸 수 있다고도 합니다. 자기에게만 이롭게 하는 일을 해 놓고 '이게 권도야!' 해서는 곤란하겠죠.

맹자가 말하는 기교와 공자가 말하는 권을 잘 살펴보면 어떤 경지를 뜻하는지 잘 알 수 있습니다. 맹자는 뛰어난 장인들에게 도구를 사용하는 원칙을 다 배운 뒤에 제대로 된 기교를 부릴 수 있다고 합니다. 공자는 배우고, 길을 걷고, 상당한 경지에 도달 한 뒤에야 제대로 된 권도를 쓸 수 있다고 합니다. 원칙을 다 익히지도 않고 상당한 경지에 도달하지도 못한 상태에서 쓰는 권도는 문제가 있다는 거죠.

'선무당이 사람 잡는다'는 말이 생각납니다. 자전거를 막 배운 사람이 두 팔을 놓고 타는 기교를 부릴 수는 없겠지요. 타인에 대한 배려

심이 전혀 없는 사람이 갑자기 베푸는 선심은 뭔가 꿍꿍이가 있기 마련입니다. 맹자의 말에 따르자면, 자기만의 기교를 만들기 위해선 뛰어난 장인이 먼저 되어야 한다는 걸 잘 알 수 있습니다. 이런 저런 모든 원칙을 익힌 장인 말입니다. 수레바퀴를 만드는 장인뿐 아니라 세상 모든 일이 그러하겠죠.

孟子曰^{맹자왈} 梓匠輪輿^{재장윤여}는 能與人規矩^{능여인규구}이나 不能使

人巧^{불능사인교}라.

맹자가 말했다.

"재목을 다루는 장인, 수레를 만드는 장인이 사람에게 컴퍼스와 굽은 자

다루는 일은 가르칠 수 있으나, 기교를 가르칠 수는 없다."

민중이 가장 귀하다
民爲貴 민위기

　최근 텔레비전에서 방영된 〈육룡이 나르샤〉란 드라마가 있습니다. 고려 말과 조선 건국 초기에 살았던 여섯 인물이 주인공이었죠. 그 가운데 정도전이란 사람이 있습니다. '삼봉'이란 호로 유명한데, 조선 3대 임금이 된 태종 이방원이 스승으로 모신 인물입니다.

　정도전은 조선을 건국하는 데 실질적인 뼈대를 세운 사람입니다. 이 분이 맹자를 매우 중요하게 여겼습니다. 경상북도 영주시 이산면 신암리에서 우리나라 최초로 맹자 세미나를 개최한 사람도 정도전이 었습니다. 정도전은 자신이 생각하는 새로운 나라의 기틀을 마련하는데 맹자 사상을 가져왔습니다. 정도전은 맹자를 읽다가 바로 이 구절에서 무릎을 쳤지요.

민중이 가장 귀하고, 사직은 그 다음이며, 임금은 가장 가볍다.

고려는 신분제도가 있는 시대였습니다. 왕이 가장 높고 그 다음은 귀족이고 백성이라 불리는 민중은 가장 낮은 신분입니다. 그저 시키면 시키는 대로 일이나 하고 배 안 고플 걱정이나 하고 한 세상을 사는 게 민중이었습니다. 그런데 이게 웬일입니까. 공자 다음간다는 위대한 사상가가 한 말을 보세요. '민중이 가장 귀하고 임금은 가장 가볍다' 눈이 번쩍 뜨이고 귀가 확 뚫리는 놀라운 말이 아니겠습니까.

정도전은 맹자의 말대로 민중이 가장 귀한 세상을 만들고 싶었습니다. 임금이나 귀족이 아니라 민중이 주인이 되는 세상을 꿈꾸었다고나 할까요. 지금 우리가 말하는 민주주의입니다. 맹자는 민중과 사직과 임금, 이렇게 셋으로 나눠 말했습니다. 사직社稷의 '사'는 토지의 신이고 '직'은 곡식의 신입니다. 땅과 땅에서 자라는 곡식을 관장하는 신의 이름인 것이지요. 땅에서 나는 곡식을 먹고 살아가는 우리 인간이 풍요를 바라는 마음으로 모시는 신들입니다. 우리나라 서울에 지금도 사직단이 있습니다.

민중은 신보다도 귀하다는 얘기가 됩니다. 종묘와 사직이란 얘기를 많이 들어 봤을 겁니다. 종묘宗廟는 역대 임금들의 위패를 모신 사당입니다. 현재도 서울에 종묘가 있는데 매우 아름답고 기품이 있는 건물입니다. 왕조 국가에서는 종묘와 사직은 나라의 운명을 결정짓는 중요한 곳이었습니다. 그래서 '종묘사직'은 곧 '국가'를 뜻했지요.

사직은 국가에서 모시는 신이고 종묘는 임금이 모시는 조상신이니까요. 그러나 맹자는 종묘사직보다도 민중이 더 귀하다고 말합니다.

민중이 나라의 뿌리이며 종묘와 사직은 민중의 평온한 삶을 위해 존재한다고 본 것이지요. 그런데 역사를 보면 늘 민중은 천대를 받았습니다. 민중은 곡식을 생산하면서도 굶주렸습니다. 지배자들이 대부분 빼앗아 갔기 때문입니다. 생산물의 80%를 빼앗아 가던 시대도 있었습니다. 그렇다면 민주주의 시대라고 하는 지금은 다를까요? 별 차이가 없는 것 같습니다.

대표적으로 프렌차이즈 또는 체인점이라고 하는 가게를 예로 들어 볼까요? 체인점을 내는 가게 주인은 물건을 팔면 일정 금액을 본사에 내야 합니다. 심한 경우는 물건을 못 팔아도 일정 금액을 내야 하는 경우도 있습니다. 물건을 팔아서 생기는 이익금의 대부분을 본사에 보내야 하는 체인점도 있습니다. 생산물을 다 빼앗기고 굶주리던 옛 왕조 시대 민중과 다른 점이 있습니까?

왕조 시대 지배자는 왕과 귀족들이었다면 지금의 지배자는 누구일까요? 그렇습니다. 바로 자본입니다. 돈을 가진 사람이 세상의 주인 행세를 하고 있습니다. 그럼 이렇게 되겠군요.

자본이 가장 귀하고 나라를 운영하는 권력자가 그 다음이며 민중이 가장 가볍다.

이 말은 맹자 생각과는 아주 정반대입니다. 민중이 가볍고 착취당하며 사는 세상은 민주주의 세상이 아닙니다. 그래서 맹자의 말대로 바꿔 보면 이렇게 됩니다.

민중이 가장 귀하고 나라를 운영하는 권력자는 그 다음이며 자본이 가장 가볍다.

나라를 운영하는 권력자란 민중이 투표로 뽑아 준 사람들입니다. 그들은 당연히 민중을 위해 일해야 할 텐데요. 선거에서 뽑혀 권력을 갖게 되면 곧 자본을 위해 일을 합니다. 민중을 위해 하는 일은 힘만 들지만 자본을 위해 일을 하면 자기에게도 자본이 생기기 때문입니다. 이렇게 자본은 힘이 무척 셉니다.

물론 자본이 원래 나쁜 것은 아닙니다. 자본이란 민중의 평온한 삶을 위해서 꼭 필요한 것이지요. 문제는 이 중요한 자본을 골고루 나눠 갖지 않고 몇몇 사람이 다 가지려는 게 문제입니다. 공자가 이런 말을 합니다.

나라와 집안을 운영하는 사람은 적은 것을 근심하지 말고 고르지 못한 것을 근심해야 한다. 고르면 가난이 없고, 가난이 없으면 평화롭고, 평화로우면 나라가 망하지 않는다.

　　　　　　　　　　　　　　　　　　　－『논어』, 계씨편

고르면 가난이 없다는 말이 가슴을 칩니다. 모두가 가난하기보다는 모두가 부유하면 가장 좋겠지요. 그러나 모두 다 부유할 수 없다면 차라리 모두 가난한 것이 낫습니다. 남은 부유한데 나는 가난하면 정말 참기 어렵습니다. 모든 사람이 평등하여 평안하고 평화로운 세상이 되면 얼마나 좋을까요? 그러자면 정말 맹자 말대로 민중이 가장 귀한 세상이 되어야 합니다.

인류 초기에는 사람이 곧 하늘이었습니다. 사람들이 늘어나면서 재물이 생기고 누군가는 권력을 갖게 되었습니다. 권력을 가진 사람은 자기만이 하늘이라고 우겼습니다. 그리고 다른 사람들은 무조건 명령을 따라야 하는 노예로 취급을 합니다. 하늘이었던 사람이 가장 천한 민중이 되고 말았던 것이지요.

그러나 사람이 하늘인 것은 변함이 없습니다. 일시적으로 권력이라는 강풍에 휩쓸려 넘어진 것처럼 보일 뿐입니다. 사람은 가장 낮은 동시에 가장 높고 가장 천한 동시에 가장 귀합니다. 임금과 자본은 위력을 떨치는 것 같지만 가벼운 존재일 뿐입니다. 임금이 사직을 위태롭게 하면 갈아 치워야 한다고 맹자는 말합니다. 그런데 사직보다 귀한 민중을 임금이 위태롭게 하면 어찌해야 할까요?

民爲貴민위귀하고 社稷次之사직차지하며 君爲輕군위경이라. 是故시고로 得乎丘民而爲天子득호구민이위천자하며 得乎天子爲諸侯득호천자위제후하며 得乎諸侯爲大夫득호제후위대부라. 諸侯危社稷則變置제후위사직즉변치하라 犧牲旣成희생기성하고 粢盛旣潔자성기결하며 祭祀以時제사이시나 然而旱乾水溢연이한건수일이면 則變置社稷즉변치사직이니라.

민중이 귀하고 사직이 다음이며 임금은 가볍다. 이런 까닭에 민중에게 신임을 얻어야 천자가 되며, 천자에게 신임을 얻어야 제후가 되고, 제후에게 신임을 얻어야 대부가 된다. 제후가(임금이) 사직을 위태롭게 하면 갈아 치운다. 희생으로 바치는 짐승을 살찌우고 제사 그릇에 담는 곡식도 정결하게 하고 제사를 때맞춰 지냈는데도 가뭄이 들고 수해가 생기면 사직의 신을 갈아 치운다.

세상에는 선인, 신인, 미인, 대인, 성인, 신인 등 여섯 종류의 사람이 있다

善人信人美人大人聖人神人 선인신인미인대인성인신인

교사인 친구가 자기 반에 멋진 애 이야기를 들려 줬습니다. 화를 내는 법도 없고 다른 아이들에게 한없이 너그럽다는 겁니다. 멋진 애는 초등학교 6학년인데도 키가 170센티미터여서 '기린'이라는 별명으로 불린답니다.

돈까스가 점심으로 나온 날, 한 아이가 "야. 기린도 고기 먹냐?" 하고 놀렸대요. 듣기에 따라선 기분 나쁜 말이지만 멋진 애는 피식 웃고 말더랍니다. 같이 밥을 먹던 교사인 내 친구가 "놀리면 못 써." 하고 나무라자

"선생님. 괜찮아요. 저랑 친하고 싶어 한 말인데요, 뭐."

하고 멋진 애는 오히려 놀린 아이를 두둔하고 나서더랍니다.

"난 녀석만 보면 기분이 좋아진다니까. 선비야, 선비."

나는 친구인 교사의 말을 들으면서 생각했습니다. 그 녀석은 선비보다 더 멋진 어떤 용어를 붙여 줘도 좋겠다고요. 그때 맹자가 구분한 사람의 종류가 생각났습니다.

맹자가 제나라에 머물 때 이런 대화가 있었습니다. 제나라 사람인 호생불해가 맹자에게 물었습니다.

"악정자는 어떤 사람입니까?"

"선인이자 신인이지요."

"어떤 사람이 선인이고 어떤 사람이 신인입니까?"

"누구나 좋아하며 따르면 그 사람은 '선인'이고, 사람들이 좋아하는 그 덕목을 자기 몸에 갖고 있는 사람을 '신인'이라고 합니다."

선인善人은 '착한 사람'이며 신인信人은 '믿음직스러운 사람'입니다. 악정자는 맹자가 믿고 인정하는 제자였습니다. 악정자는 노나라 사람인데 매우 높은 벼슬을 하고 있었지요. 악정자가 책임이 막중한 지위를 얻었을 때 맹자는 기뻐하며 누구보다 맡은 일을 잘할 거라고 말하기도 했습니다.

우리는 착한 사람을 좋아합니다. 그런데 착하기만 하면 뭔가 좀 부족한 느낌이 듭니다. 주변에 그런 사람이 있지 않나요? 착해서 좋기는 한데 뭔가 일을 맡기기에는 약간 주저되는 그런 사람. 그래서 맹자는 믿음직함을 나란히 말합니다. 착함에 더해 믿음직하기까지 하다면 더 이상 좋을 수 없습니다. 악정자가 바로 착하면서 믿음직하다고 맹자는 말하고 있습니다. 어떤 일이든 믿고 맡길 수가 있는 거지요.

하지만 맹자는 여기서 멈추지 않았습니다. 네 종류의 사람을 더 말합니다. 착하고 믿음직하다면 충분할 거 같은데 더 높은 경지의 사람이 무려 넷이나 더 있다는 겁니다. 신인보다 한 단계 더 높은 경지의 사람을 '미인美人'이라고 말했습니다. 글자 그대로 해석하면 '아름다운 사람'이지요. 요즘 미인이라고 하면 주로 텔레비전에 나오는 예쁜 여자 연예인이 떠오릅니다. 그러나 맹자가 말하는 미인은 전혀 다릅니다.

알맹이가 꽉 찬 충실한 사람을 미인이라고 합니다. 사람을 착하고 믿음직스럽게 만들어 주는 알맹이들이 내면에 꽉 들어차 있는 그런 사람. 그가 바로 미인이라는 거지요. 겉모습을 성형수술로 예쁘게 만드는 일은 맹자가 말하는 미인과는 정반대의 길인 셈입니다.

다음은 대인大人입니다. 글자로 보면 큰 사람이라는 뜻입니다. 키가 크다는 뜻으로 생각하시진 않겠지요? 맞습니다. 착하고 믿음직스러운 알맹이가 내면에 가득 차서 사방에 빛을 뿌리며 저절로 흘러넘치는 상태인 사람. 그가 바로 대인이라고 맹자는 말합니다. 대인의 상대편에는 소인小人이 있겠지요? 착하지도 않고 믿음직스럽지도 않으며 또 사람을 그렇게 만드는 나쁜 알맹이들만 자기 속에 꽉꽉 들어차서 밖으로 조금도 빛이 새 나오지 않는 사람. 그래서 자기 고집만으로 똘똘 뭉쳐 있는 사람. 만약 이런 사람이 있다면 정말 소인 중의 소인이 될 거 같아요.

대인 다음은 성인聖人입니다. 거룩한 사람이라는 뜻입니다. 그런데 성聖이라는 글자는 귀가 큰 사람을 나타내는 글자였어요. 귓구멍을 크게 열고 다른 사람이 하는 말을 귀 기울여 잘 들어 주는 사람을 뜻하기도 합니다. 누군가 내 이야기를 정성스럽게 들어 주기만 해도 마음속의 슬픔이 많이 가라앉습니다. 성인은 다른 사람의 이야기를 잘 들어 줄 뿐 아니라 '따뜻한 말 한 마디'를 해 주는 사람입니다.

그래서 맹자는 말합니다. 따스하고 평화로운 빛을 사방으로 흩뿌리는 사람이 대인인데요. 그 빛으로 주변 사람들을 행복하게 변화되는 경지로 까지 끌어올리는 사람, 그가 바로 성인이라고요. 그냥 품에 폭 안기고 싶은 마음이 생길 정도로 평온한 모습으로 내 얘기를 들어주고 자기 이야기를 들려 주는 사람. 옆에 있으면 마치 달콤한 꿈속으로 빠져 들어가는 듯한 느낌을 주는 사람. 나도 착하고 믿음직스럽게 살아 봐야겠다는 마음이 저절로 우러나게 해 주는 사람. 그렇게 나를 변화시켜 주는 사람이 성인이라는 겁니다.

성인이면 인간으로서 완전한 경지인 것 같습니다. 그런데 맹자는 한 단계를 더 말합니다. 신인神人입니다. 믿음직스러운 사람은 신信이지만 여기서는 신神입니다. 맹자는 성인이 가진 성스러운 경지를 넘어서서 '알 수 없는 상태'로 넘어간 사람을 신인이라고 말합니다. 이제 사람이 아니라 신이 되었습니다.

우리나라에 바리데기 신화가 있습니다. 바리데기는 공주로 태어났지만 버려졌습니다. 일곱 번째 딸로 태어났는데 아들을 바라던 아버지가 화가 나서 버린 겁니다. 버려진 바리데기를 늙은 부부가 구해서 키웁니다. 그렇게 자란 바리데기는 처녀가 되어 아버지 오구대왕을 죽음에서 살려 냅니다. 자기를 버린 아버지지만 온갖 고통을 이겨 내고 살려 내는 일을 하죠. 나중에 바리데기는 아버지를 살리는 일을 넘어서서 세상 모든 고통 받는 사람을 어루만지는 신이 되어 하늘에 좌정합니다. 맹자가 말하는 신인이란, 바로 바리데기 같은 인물이 아닐까요.

불교의 부처님도 인간으로 태어나 신인이 된 경우라 하겠습니다. 석가국의 왕자였던 싯다르타는 사람이 왜 '태어나고 늙고 아프고 죽는지'를 탐구했습니다. 뼈를 깎는 수행 끝에 싯다르타는 깨달음을 얻어 부처가 되었습니다. 삶도 없고 죽음도 없고 아픔도 없고 늙음도 없는 절대적인 '공空'을 깨달았던 것입니다. 부처님이 깨달은 것을 사람들에게 알려 준 말씀이 『반야심경』이나 『금강반야바라밀경』 같은 경전에 기록되어 있습니다. 경전이라고 해서 어렵다고 생각할지 모르겠는데 전혀 그렇지 않습니다. 예를 들어 금강경의 시작은 이렇습니다.

이와 같이 나는 들었다. 한때에 부처님께서 사위국의 기수급고독원에 계셨는데, 큰 비구들 천이백오십 명과 함께 있었다. 밥을 먹

열네 살 벼 인생의 첫 고전 맹자

을 때가 되니 세존께서는 옷을 입고 바리를 들고 사위국 큰 성으로 들어가서 밥을 빌었다. 성 안에서 차례차례 밥을 구걸한 뒤 본래 있던 곳으로 돌아와 밥을 드셨다. 밥 먹기를 마치고 옷과 바리를 거둔 뒤, 발을 씻고 자리를 펴고 앉았다.

－『금강반야바라밀경』, 법회인유분, 1장 1절

부처님은 아무것도 가지지 않는 삶을 살려고 했습니다. 그래서 밥도 구걸해서 먹었습니다. 누덕누덕 기운 옷 한 벌과 나무로 만든 밥그릇 하나로 살았습니다. 그렇지만 신인은 착하고 믿음직스럽고 아름답고 크고 성스러움을 다 품고 있습니다. 부처님이나 예수님이나 바리데기나 신인은 다 그렇다고 봐야겠지요.

우리는 신인이 아니라 맹자가 좋아한 악정자처럼 '착하면서 믿음직스러운' 사람 정도라도 되면 좋겠습니다. 공자도 이런 말을 합니다.

나는 덕을 좋아하기를 색을 좋아하듯 하는 사람을 아직 못 보았다.

덕은 '착하고 믿음직스럽고 아름답고 크고 성스러운' 것들이 내면화되는 것을 말합니다. 색은 남자가 예쁜 여자를, 여자가 멋진 남자를 좋아하는 마음입니다. 색은 인간의 본능입니다. 정말 색을 좋아하듯이 덕을 좋아할 수 있다면 우리는 맹자가 말하는 선인이나 신인이 될 수도 있을 것 같군요.

浩生不害問曰호생불해문왈 樂正子何人也악정자하인야오? 孟子曰맹
자왈 善人也信人也선인야신인야라. 何謂善하위선이며 何謂信하위신잇
가? 曰可欲之謂善왈가욕지위선하고 有諸己之謂信유저기지위신하고
充實之謂美충실지위미하며 充實而有光輝之謂大충실이유광휘지위대하
고 大而化之之謂聖대이화지지위성하며 聖而不可知之之謂神성이불
가지지지위신이라.

호생불해가 맹자에게 물었다.

"악정자는 어떤 사람입니까?"

맹자가 말했다.

"선인이자 신인입니다"

"어떤 사람이 선인이고 어떤 사람이 신인입니까?"

"누구나 좋아하며 따르면 그 사람은 '선인'이고, 사람들이 좋아하는 그
덕목을 자기 몸에 갖고 있는 사람이 '신인'입니다. 선인과 신인의 알맹이
가 충실한 사람은 미인이고, 가득찬 알맹이가 밖으로 빛을 뿌리면 대인
이며, 뿌려진 빛으로 사람들을 변화시키면 성인입니다. 성스러움을 넘어
서서 알 수 없는 경지가 되면 신인이 됩니다."